U0036558

金山有鑛

聖嚴法師◎著

自序

每次新到一地、新遇一人、新經一事、新歷一境，都會留下若干值得回憶的印象。人生的過程，的確充滿了各式各樣的新經驗。不論是苦是樂，是辛酸是幸福，每過一天，就代表一天的價值。

我不是一個有福氣經常去遊山玩水的人，但在因緣的促成之下，也到過不少的地方，每天總會在小日記簿上記下幾個字乃至幾十個字，作爲備忘，在旅行前及旅途中，卻從未打算要寫一篇報導或一冊遊記。到了事後，往往又會根據那一丁半點的記事，寫下成篇的文章，乃至成冊的書。如果不寫，便像自己飽餐了一頓美食之後，竟不肯推介給他人，豈能安心？正像我粗知佛法是這樣的好，就會想到一定尚有更多的人需要佛法的情形相類似。

我自己不善於寫遊記，只是喜歡讀遊記，尤其是那些具有思想深度、文學修養及史地知識的遊記，最令我心折。可以透過作者的觀察感受，便能達成淨化、美化、知性化、感性化這個現實世界的目的。我們所處的環境，若能善加體驗，無一寸不是佛國淨土，無一物不是七寶莊嚴，無一人不是古佛再來；否則，一瞬眼便會發現處處荊棘。不過，如果能學著以欣賞的眼光來看待荊棘，荊棘也是自然的美景之一；如果以智者的方法處理荊棘，荊棘便是構成安全的屏障。

我是凡夫，我所生活的環境，也跟常人相同，只是我用出家人的心地，站在佛法的立場，對所接觸的人事，多一分投入即多一分收穫，多一分關懷即多得一分感受。

我在寫成本書之前，三年以來，已經寫過兩書：1.記訪問中國大陸十九天而寫的《法源血源》，因爲寫得比較眞誠而又富於文學的感性，故於一九九〇年被李猷教授，推薦爲嘉興文藝獎的散文作品，結果雖然未曾入選，但已代表了它的某種層次的價値。2.記訪問印度佛跡聖地十五天而寫的《佛國之旅》，也頗能受到眾多讀者的喜愛。

本書《金山有鑛》，跟前面兩書比較，體裁雖類似，經過的時空則長了一些，也大了一些，全書共計四十六節，迄四十四節爲止，是記述我在一九八九年四月初，找到位於臺北縣金山鄉的法鼓山，以及護法會的組成、勸募工作的推動、中心理念的宣揚。接著是從去（一九九〇）年十月十六日至十二月一日期間，我赴香港，經過舊金山，抵達紐約，做了一連串的遊化活動。恰巧我到美國已滿十五年，我在彼邦主持禪七已是第五十次，所以增加了末後兩節，作了一番回顧。雖然僅是我個人踏出現在走向歷史的雪泥鴻爪，爲了感謝跟我一同踏雪的道侶們，完成這本書以表我對現實人間的獻禮。

本書的初稿是由我口述，葉果智、盧果乘兩位居士筆錄。本書所選照片，多半是我自攝，其中也有不少幅，是由數位隨行的僧俗弟子提供，一併在此致謝。

一九九一年四月四日聖嚴自序於臺北北投農禪寺清明報恩佛七圓滿日之深夜

目錄

一、前言——處處是金山

地名叫作「金山」的，在《中國古今地名大辭典》和《讀史方輿紀要》所載，共有十四處；跟佛教有關而且家喻戶曉的，是江蘇省鎮江縣的金山。它在佛教史上有名，是緣自佛印禪師和蘇東坡的傳說，以及圜悟克勤禪師主持金山禪堂之時，曾於一夜之間，有十八人開悟。它在民間，則因小說《白蛇傳》中有個水漫金山的故事而名聞遐邇。跟本書要記述的地名相關者，乃是臺灣省臺北縣的金山鄉，以及美國加州的舊金山。若用佛眼觀察世間，既然眾生都是佛，也該處處是金山；眾生心中藏佛性，金山石中全是金。所以《寶性論》要用「眞金在鑛」、「地藏珍寶」來鼓勵我們，珍重一切人，勿小看自己。

凡夫不是佛，所以看到的人也不像佛；因爲尙是未見佛性的凡夫，所以既不相信自己也不相信他人。如能相信佛法，便能化解不安的自私，也能漸漸地自信信人。相信諸佛是鑛中的純金，相信眾生是純金在鑛中，也可以說，鑛與金雖有別，同樣是金則無異。如以這樣的角度看一切人，雖尙未能見到人人是佛，總可承認人人都有成佛的可能；雖尙未能將金山擁爲己有，總可接受處處金山、處處有金的觀點。但願我們都能以這樣的觀點，爲自家開鑛，助他人冶金。金山鄉法鼓山的建設，便是爲了喚起世人，共同掀起開鑛得金的風潮。

二、人覓山山尋人

八年以來，我為了要找一個比較有長久性、安定性和未來性的道場建築用地，從臺北找到南投，幾乎踏遍了每一個縣的山村、道路，看了許多地。但是因緣不具足，不是地形不好，就是面積太小，或者價錢太高。有的地方，被我們看中了，由於產權為許多人所共有，不易釐清，或者是其中有一個持份人阻撓就無法談成。直到一九八九年三月底，市政府公布了都市計畫土地徵收重劃，臺北市北投區農禪寺所在的關渡平原，成為低密度住宅區，而我們要找的土地一點眉目也沒有，這使得農禪寺的住眾以及幾千個跟我們相關的信徒不禁著急起來。有一位熊清良居士建議我領導僧俗四眾弟子共同持誦〈大悲咒〉二十一遍，祈求感應。那是一九八九年三月二十五日晚上的念佛會，當天到有一千人左右，是歷來念佛會中人數較多的一次。法會結束之後，就有一位李昭男居士跟我們知客處的值日弟子說，他很受感動，希望在一星期之內就有好消息給我們。

三月二十八日，有一位林顯政居士要我們中華佛學研究所的董事方甯書居士轉告我，要我去金山看一塊地。因為我對金山很熟，而且不久以前已經看過一

▲在法鼓山唱誦大悲懺，是何等的莊嚴！

次，所以我說沒有興趣，可是方居士還是代表我陪著林居士去看了那塊地。當天下午方居士希望我務必去看一次，因爲他覺得還差強人意。我被他說動了，遂親自前往，才發現那裡一共有十八甲地，靠近海邊，但是見不到海，也吹不到海風，左右及後方都有隆起的山崗爲屏障，像一把太師椅，那塊地就在椅座上。向前展望，是金山鄉的平原，平原遠處，就是萬里鄉起伏的重巒，有千山來朝的氣勢。左邊有隆起的山峯，右邊是平緩的山崗。看其脈象，是從臺北縣最高的七星山池邐而下，從地理名詞來說，可以稱它爲側蒂的蓮花，而且有兩條清溪，終年綠水長流，圍繞合抱著這塊地，就在這塊地的正前方匯成一條形同九曲三彎的主流。我看了以後非常歡喜，決定探聽價錢。

這塊地原來由幾位商人合資買下其中的五甲，預備經營墳場，規畫成一個一個的小單元，分別售予需要墓園的顧客。後來由於種種因緣的不具足，便由一位當時擔任臺北市太極拳分會理事長的范老師接管，並且繼續購買其鄰近的土地，經過六年的經營，全部面積達十八甲之多。因為辦墓園不成，他們原本計畫蓋寺廟，而且完成了建築面積一百坪的觀音殿，雖然工程粗糙，外觀還是非常的宏偉莊嚴。廟宇建成之後，由於找不到出家人來管理照顧，所以范老師和他母親就落髮出家。可是出家後的全度法師沒有經管寺廟的經驗，也沒有受過弘法工作的訓練，要想把這麼大的一塊地建設成具有規模的叢林寺院，覺得非常吃力且毫無把握。所以在一年前就向四處接洽，留心聘請接替他來主持這個道場的合適人選。其間也有好多位法師跟他接過頭或到金山實地觀察過，都沒有成功。到了去（一九八九）年三月二十六日，他也在觀音菩薩像前持〈大悲咒〉，希望菩薩指引，能夠早日找到理想的人選。

再說那位林居士，他在三月二十七日的早晨得到一個靈感，要他去他公司對面一個叫作佛恩寺的道場，說有一塊地可以轉讓給他的師父聖嚴法師。他經常有各種靈感，也深信不疑。結果就在那裡遇到了全度法師，而談起金山這塊土地，這可說是不可思議的感應事蹟。

從三月二十九日到四月五日，是農禪寺舉行清明佛七的時段，我必須擔任主七和尚，照理無法分身，所以即使看過了地，也只能在佛七圓滿之後再來考慮那塊地的事。然而林居士、方居士以及另外一位中華佛學研究所護法會的理事長楊正居士，三人跟全度法師交談之後，盼我急速作成決定，而且越快越好，原因是他們覺得這樣的因緣稍縱即逝。所以即使在佛七期間，三月三十日那天，我還是親自到了佛恩寺，辦妥土地轉讓的條款契約。全度法師說明這不是買賣，但這塊土地的投資人有許多，包括了原有的公司合夥人及其家屬等，必須要作妥善的處理，不過他願意把自己的這一份無條件捐出，後來他們公司合夥人之一的李昭男居士所持有的一份也捐出。雖然如此，我們需要付出的款項還是很多，以我們當時的財力，這是不可能負擔的事，而且我預定在四月十日就要出國返回紐約僑居地，也無暇為之籌款，而在契約書中訂定三個月內把全部款項付清，事實上我還在美國，這又是一件不可能的事，此外，這件事相當冒險，因為要把土地所有權的轉讓手續全部辦清，需要四個月到半年的時間。當時十八甲土地多半是農地，少數是林地，依照臺灣的土地法規，林地當然可以直接轉入財團法人中華佛學研究所名下，農地則須具有自耕農身分的國民才能持有。我不是自耕農，要找一位自耕農身分的出家弟子也不容易。但是林居士和楊居士主張買了再說，如果我不要，他們就要了，這些錢自然會由菩薩送來，地也自然可以找到人來過戶。我遂在這樣的形勢下接受了這樣的事實，這也是我有生以來所做的一件最大膽的事。

三、法鼓山在金山

一九八九年七月，我剛從美國回到臺灣時，土地所需的款項已經如約全部付清，那都仰仗幾位熱心居士的無息借貸和擔保借貸，特別是幾位居士熱心捐助，從幾十萬、一百萬到五百萬，最多的一位捐了一千萬新臺幣，這也是我從來沒有期待也不敢想像的事。但是借的錢需要還，尤其是無息的貸款更需要還，因此中華佛學研究所護法會的工作益見重要。我們決定擴大且長期募款的方式，以期早日完成中華佛學研究所遷建的計畫。

中華佛學研究所創立於一九八五年，借北投中華佛教文化館的五層大樓為所

址。歷年來由於設備擴充和人員增加，六百多坪大的中華佛教文化館已不敷使用，所以跟農禪寺的遷建同等迫切和重要。我們預期以金山那塊山坡地作爲教育、研究、弘法、修持的綜合性佛教園區，也希望它將來成爲學院型態乃至於大學型態的佛教學府。

爲什麼叫它法鼓山？那一塊山坡地的命名，有幾種因素。從它的地形上看，左邊隆起像懸空的古鐘，而這塊地在兩個山谷之間隆起如半島形的丘陵，就像縱臥在兩山之間的大鼓。現在觀音殿所在的位置就在鼓面下方，將來的正殿就緊貼著鼓面而建。另外，關於「法鼓」這個名詞的典故，乃出自佛經，在藏經中有一部大乘經就叫作《大法鼓經》，而《妙法蓮華經》

▲由法鼓山上遠眺金山鄉的平原及萬里鄉起伏的重巒。

▲一九八九年七月作者帶領中華佛學研究所董事參觀法鼓山（左起：全度法師、作者、今能法師、翁嘉瑞居士、陳璽如居士、今能法師的弟子、鑑心法師、方甯書教授）。

中也有好幾處用到「法鼓」兩個字。通常的用法是降法雨、震法雷、擊法鼓、吹法螺，指的都是弘揚佛法，滋潤眾生，降伏萬魔的意思。所謂晨鐘暮鼓與佛法宣導人世，普化人間，就是擊法鼓。我於一九八二年在紐約成立的出版社，湊巧就以「法鼓」（Dharma Drum Publications）爲名。又從前（一九八九）年開始計畫把我的著作編輯成一套全書，名稱預定爲《法鼓全集》。由於各種因緣的趨勢，所以把這個地方稱爲法鼓山。而法鼓山上出產的巨石，是建築材料中有名的金山石，非常堅固，它的硬度和密度並不亞於花崗石，將來應當改名為法鼓石了。

金山鄉之所以得名，是由於海邊有一座小山，其形狀像漢字中的「金」字，並不是因為金礦而得名。金山地區原來是個漁村，到現在人口只有三萬多人，經濟型態以捕魚和農耕為主，工商業則尚未開始發展。不過現在已有三條公路從臺北市通向金山，即從基隆去的基金公路、從淡水去的淡金公路，以及穿過陽明山的陽金公路。在這三條公路中，有著名的陽明山公園、白沙灣海濱浴場、金山海濱浴場、青年育樂中心、翡翠灣海水浴場，以及野柳的奇石景觀和水上樂園。在靠近金山的陽金公路右側，有一個非常著名的達樂花園。

我到金山，最早可追溯到一九五〇年，有一次夜行軍，從金山到北投，所走的路就是穿過法鼓山這條保甲路。我還記得山下的村莊叫三界村，山上的村莊叫西勢湖村，那時我還聯想到出了三界就到了西方淨土的蓮池，這個地名至今依舊。當我們進入法鼓山之前，先過三界橋，然後過法輪橋，這個地名好像也註定了要有一個道場。此外在山下有一個三界公廟，現在稱為三界壇，是保護人間的護法神。現在我們計畫除了開闢環山汽車道路之外，那條保甲路仍要保留，稍加拓寬成為人行步道，預備作將來徒步上山之用，藉此緬懷先人開闢這條小路和通過這條小路的功德和情景。

據說不久的將來，政府會從北投開闢一條四線道的快速公路，通過大屯山，直達海邊的三芝鄉，那是李登輝總統的出生地。若從這一條公路到法鼓山，全程只要半小時，這對於法鼓山的交通又增一項便利。

四、法鼓山的護法會

自從我們有了法鼓山之後，土地面積逐漸增加，到一九九〇年底爲止，共有三十二甲。第一期的開發工程是十五甲，建設費用包括整地、買路、開路及各項建築物的完成，需要經費新臺幣十億元以上，這筆錢對我而言，無異是天文數字。我一向不善於化緣，也不好意思向人開口化緣；幸好由於許多護法居士的熱忱及各界善心人士對於法鼓山教育和弘法事業的認同，所以紛紛自動組成護法會，代爲勸募。從一九八九年七月份開始，對外募集建設費用，接著成立勸募小組，徵求勸募會員及護持會員，負責籌款工作。到一九九〇年七月，參加的人數已有一萬六千多位，主要分布在臺北地區，同時也向全省各地進行推展。勸募的情形和許多感人的故事，都在《人生》月刊及《法鼓雜誌》陸續報導。

至於《法鼓雜誌》，是對護法會贊助人員的一種回饋，創刊於一九八九年十二月。它是報導性和弘化性的刊物，除了有關於護法會及弘法活動的報導，也有通俗的佛法介紹和感人事蹟的專訪。當然它的另一主要作用是按月刊出各項捐款芳名和收支報告，以資徵信。從這份月刊可以得到有關法鼓山和中華佛學研究所運作進度的最近消息，它是護法會對內的刊物，但因辦得非常出色，許多人建議也對外發行，我為此正跟出版部的諸位同仁磋商考慮中。

目前的護法會是由泰豐染織關係企業董事長楊正居士擔任理事長，他投入了全部心力來推動各項活動。護法會下面分設九個組，各組組長都是非常忙碌的工商界老闆和高級職員；他們都能設法抽出許多時間來參與護法會的各項工作與活動，是我們得力的義工群。其他的專職人員也都能不眠不休，假日常常不休假，而且還要起早待晚，從事各項募款工作的推展。因為他們每一位對我個人都非常敬愛，因此都為我擔心，如果不能達到目標所定的募款數字，法鼓山的建設就會受到影響，不僅使我勞神費力、憂愁焦慮，也會影響到推廣佛法的前途和教育的計畫。看來他們比我還要心急，所以有一天我在一次集會中說，對募款的事我不擔心，讓我們護法會的全部人員擔心；又說護法會的全部人員不須擔心，只須讓護法會的理事長楊正居士一個人擔心；之後我又說，楊正居士也不要擔心，由於我們的眞誠和對三寶的信心，諸佛菩薩、觀音大士自然會給我們感應。大家聽了非常高興，我有信心，更堅定了他們的信心。正因為大家共同有如此堅固的信心，所以能夠同心協力，廢寢忘食，為護法會的工作而奉獻出他們自己。

五、大型演講

臺北國父紀念館

我在臺灣所主持的大型演講為時很早，第一次在一九八一年，由臺南一位蘇淑敏小姐促成。她雖因小兒痲痺而一腿殘障，但非常堅強，主動為我在臺南市安排了兩場近千人的演講。那時果祥比丘尼才出家不久，就擔任了我的閩南語翻譯，因而奠定了她具有翻譯能力的信心；直到現在，她是臺灣佛教界少數幾位傑出的閩南語翻譯人員之一。後來由於莊炳南居士的熱心策畫，連續幾年在臺南、高雄兩地舉辦了七、八次的大型演講，都是在青商會、生命線等社會團體主辦而佛教團體協辦的情況下所做的弘法活動。後來又應邀在臺中、花蓮、嘉義、基隆等地做了幾場大型的演講，在臺北倒是直到今（一九九〇）年夏天，才做三場大型的弘法活動。

從今年七月上旬到十月下旬之間，是我今年度最忙碌的階段。七月九日從紐約飛返臺北，當天下午及晚上連續開了幾個會議，處理重要事務，並聽取佛研

▲一九九〇年，作者於臺北國父紀念館舉行兩場演講。

所、護法會、農禪寺、出版社和法鼓山等近況報告。七月十日和十一日連續兩晚在臺北市國父紀念館的中正廳舉行兩場大型演講，每場都到有五千多人，演講廳容納量只有三千個座位，於是館方用放映閉路電視的方式，在其他三個小型演講廳和會場，同時播放演講過程。

兩晚的講題是：1.善與惡——如何建立正確的價值觀念，2.情與理——如何處理複雜的人際關係。這兩場演講是由永和市的彌陀蓮社主辦、法鼓山護法會協辦，其目的是將佛法推廣到民間，同時也讓人家知道，有一個法鼓山的佛教事業正在起步。雖然我未在演講中特別強調法鼓山，但是有關法鼓山的資料和東初出版社所印贈的佛學小叢刊，以及我寫的《正信的佛教》都在會場分送。前任臺北市長、行政院政務委員，目前是內政部長的吳伯雄居士，到場致賀詞，並聽完演講的第一場，行政院長郝伯村和立法院長梁肅戎致送花籃，有幾位立法委員如趙振鵬、冷彭、中廣董事長關中、司法院祕書長王甲乙、立法院祕書長郭俊次等都到場聽講。有幾位新聞界的名人，也因這兩次演講而皈依三寶，如《中國時報》副社長兼《時報周刊》的發行人簡志信和中廣經理徐維中及其夫人中央通訊社資深記者沈靜，以及《時報周刊》資深記者吳鈴嬌等。

在那兩場演講中，我因為剛剛回到臺北，日夜顛倒，白天還要開會，以及接談賓客和信眾，每次上臺以前已經覺得精疲力盡，上氣不接下氣，就這樣把這麼多的聽眾「騙」過來，還讓他們覺得講得不錯，連我自己都不能相信。特別是第一個晚上，我的膀胱無力，而且聲帶突然失音，在講的時候拚命喝水，一個小時後開始內急，想進廁所，而喉嚨還需要水，結果就在上下交迫中，度過了好痛苦的兩個小時。我一邊講，一邊默念觀世音菩薩，讓時間趕快過去吧！同時在心中對聽眾一直說對不起。但是，從聽眾的反應，以及從錄音帶所得的證明，那兩場演講雖然比較嚴肅，內容尚稱紮實，對聽眾非常有用。我相信這是觀世音菩薩的力量和三寶的加被。

臺北板橋體育館

七月十九日，我應《佛教新聞》週刊社的邀請，爲他們所主辦的「佛法滿人間」系列演講，做第二個晚上的主講人，會場是在臺北板橋市體育館，該會場可容納六千人。當天晚上正好遇到慈濟功德會的證嚴法師在臺北市國父紀念館演講，又有一位心道法師在基隆市文化中心做大型演講。平常到處聽佛法的人就是那麼些，一個晚上有三處地方舉行大型演講，而

▲作者於一九九〇年七月，在板橋體育館演講時盛況。

我的演講會還能到有四千多人，也出乎我意料之外。當天的講題是「心淨國土淨」，這是根據《維摩詰經》所說「其心淨則佛土淨」的經句而來。正好我們法鼓山的建設是在提倡和推動兩句理念——提昇人的品質、建設人間淨土。中國的近世佛教，自從太虛大師提倡人生佛教，先師東初老人繼承太虛大師的遺志，創辦了《人生》月刊，目的也在推動人間淨土。一般都把佛教淨土的觀念建立在未來的彌勒佛出世的時代，或者往生他方世界如阿彌陀佛的極樂淨土，才能見到眞正淨化的佛國淨土。可是當釋迦世尊成佛的時候，他所見到的現在世界就是淨土。如果我們用佛法的智慧和慈悲來清淨內心的煩惱，雖然不能像佛一樣把當前的社會看成佛國，至少也會讓我們體驗到對環境好壞的感受，是出於主觀的原因居多。修行越深，對佛法的體驗越多，所見到的現實世界也越可愛、越安寧。

高雄中正文化中心

八月十八日和十九日兩天，又應高雄地區華嚴學佛會黃文翔醫師及陳志傑居士等的策畫和邀請，借高雄市中正文化中心做了兩晚的大型演講，講題是1.禪——如來如去，2.禪——解脫自在。這是用佛法的觀點，來說明人類的痛苦，是出於對現實現象的迷執，和自我中心的作繭自縛。如果通過佛法的原則和禪的眼光，就會讓我們生活得歡歡喜喜、自由自在。因爲主辦單位估計錯誤，文宣工作沒有做好，所以有三千座位的會場，第一晚只到了兩千人，第二晚增加了幾百人，約兩千四百人。

我們在十七日那天舉行了一次記者招待會，高雄地區的各報社和電臺都派了記者出席，到我住的地方訪問，又參加了中午的餐會。但是第二天的報紙並沒有報導我演講的消息，而只將當時黃文翔醫師發給他們的參考資料加以發表——「從心理學及醫學的立場，來看禪坐對人體和心理的功能」。主辦單位認爲那只是一個參考，主要目的是讓記者們親自見到我、訪問我，來直接報導我個人及演講的內容。想不到記者們在訪問時問了很多關於我個人、禪修及佛教的問題，看來他們都很有興趣，結果卻沒有見報。追問原因是說記者太忙，如果沒有提供寫好了的資料給他們，要他們執筆發稿的可能性很少。這也許因爲我們都沒有開記者招待會的經驗，也算是鬧了一次笑話。

尤其是第二天十九日晚上，因爲強烈颱風楊希過境，臺灣中部與北部風勢最強，湊巧當晚有統一關係企業所支持的證嚴法師，在國父紀念館也有一場演講，勢必取消，所以通過公關和全省聯播的大眾傳播媒體，如三家電視臺和各廣播電臺，發出證嚴法師停止演講的消息。高雄雖然也有風雨，但尚不必中止演講的活動；結果許多高雄的聽眾，都誤傳爲聖嚴法師在高雄的演講取消了，紛紛以電話詢問文化中心。雖然證嚴不是聖嚴，但也受到了很大的影響，臨時要求電臺替我們作更正說明，已經來不及了。所幸到了演講前一小時，高雄市的天氣很晴朗，要來聽講的還是到了，這使得主辦單位和許多有關人員空緊張了一場。

八月十八日晚上，開講之前也是幾經波折。主辦單位得到的確切消息是，高雄市長吳敦義居士會來致歡迎詞。演講會是七點三十分開始，等到七點四十五分還不見人影，所以先由當地長老開證法師致詞，然後請民政局局長林金枝代理市長致詞，可是林局長說，他只是補這個時間，市長一定會來的。過了八點，市長還是沒有到，我只好告訴他們，不能再等，時間很短了，演講中市長來時，我隨時會請他講話。這麼一折騰，兩個小時的演講已經去了四十分鐘。最有趣的，我剛上臺，吳市長和他的夫人蔡令怡女士便到了我的臺前。他很客氣，說是來聽法的，不是來致詞的。演講結束之後，他們夫婦兩位對我表示特別的歉意，因爲他在另外一個會場無法分身。我請他上臺做簡短的致詞，然後到休息室懇談了十來分鐘。這是我多年來在演講中從未發生過的趣事。

六、慰問巡視

臺北小組

到一九九〇年七月爲止，護法會各小組的成立，只有半年多的時間，北部已有三十六個小組，此外臺中、高雄、臺南、花蓮等地也有特別小組。每個組長之下的勸募會員，不一定彼此熟悉，連小組長也未必認識他組內的勸募會員。因此各小組之內的聯絡和聯誼工作，推動得非常緩慢，而且不得要領。特別是我對各組組長和勸募會員往往知其人而不知其名，或知其名而不知其人。平常他們來農禪寺聽經或參加共修活動，也很少有機會跟我個別接觸。由於這幾年來農禪寺的信徒逐漸增加，要跟我單獨見面個別談話機會不多，明明常常見到的人，卻不知叫什麼名字，所以我在四、五月間就計畫，要去各小組的組長家中，做一次探訪和慰問。我這個計畫，雖然受到護法會的諸位居士，以及農禪寺的出家弟子勸阻，那是因爲我的身體經常是在要死不活的狀態，他們恐怕我勞累過度，欲速反而不達，那就損失太大了。但是我還是拖著一副看似越來越消瘦的臭皮囊，完成了我的訪問工作。

在臺北地區，我花了五天的時間（即八月六日、八月八日、八月十日、八月二十五日和八月二十七日），訪問了三十六個小組。每天平均訪問七個小組，有的地方單獨一個組，有的地方兩組合併舉辦，遠的要到基隆、板橋、新莊等地，近的就在北投。每到一個地方，需要逗留一小時到兩小時。進行的程序，是由各組組長，介紹他的勸募會員，我則介紹隨同我前往的十幾位護法會幹部，然後由我開示，說明法鼓山的理念，中華佛學研究所的沿革，以及說明世界需要佛教，人間需要佛法。

▲作者於一九九〇年至樂生療養院的棲蓮精舍慰問。

我告訴他們：凡是參加法鼓山勸募活動的人，不是以勸人捐款爲目的，更重要的使命，是我們每一位護法會的成員，都是法鼓山理念的實踐者和宣揚者，在還沒有向人勸募捐款之前，首先考慮的不是想到他們會不會有錢給我們，而是想到我們是不是能用佛法來幫他們的忙，以及他們是不是需要佛法的幫助。勸募的對象不僅是已經學了佛的人，更重要的是尚沒有接觸到佛教，也不懂佛法的廣大社會人士。要讓他們接觸到佛教，瞭解到佛法，進一步使他們接受佛法的利益，那就是告訴他們：處理自己的問題要用理性的智慧，對待他人的問題要用友善的慈悲。要講簡明、實際而有用的佛法，讓所有的人在現實的日常生活中，去應用和體驗，這樣才能使人間淨土逐漸實現。一個家庭如果只有夫婦兩位，只要其中一人信佛學佛，就會影響對方，而少了吵架和不滿的對象，使家庭幸福和樂。如果上有父母，下有子女，我們就有佛化家庭的責任，使得上下有序，各得其所，各安其分。至於對我們所處的環境，不管是同事同學，親戚朋友，長官部屬，上級和下級，都應該用佛法的修養和人相處，那會使得更多的人尊敬你個人，也接受了佛法。因此法鼓山的弘法活動，並不一定要到山上去；法鼓山的鼓聲，應該響遍所有護法會成員的家庭，以及他們所處的環境。每一位都擔任起擊法鼓的責任，那就是自利利他的菩薩道的實行者和佛法之輪的推動者。大家不要以爲弘法是一樁很難的事，我們可以用口頭的宣揚，但更應該用出自肺腑的誠懇和信心，再加上我們實際的行爲，就會使人感覺到做爲佛教徒是值得的，繼而再要他人信仰三寶和護持佛教。唯有如此，我們法鼓山的弘法活動，才對社會直接有益。不要以爲只有從法鼓山培養出來的人，才去弘揚佛法，而我們護法會的會員僅僅提供金錢，那是不夠積極的。

當然，法鼓山的建設是爲了以制度化和層次化來培養佛教人才，第一個目標是培養國際性的佛教教育和學術人才。第二個目標是培養國內高級佛教師資及弘法人才。第三個目標是普遍培養和成就國內外有心深造佛學及從事禪修、念佛等的四眾佛子。採取研究所、佛學院的大學部、高中部、函授部、空中教學，以及梯次性的分齡、分級短期訓練，和定期修行等的方式，也提供長期修行的關房和修養的寮房。這樣的設施，就像一座無線電發射臺，它所造就出來的人才，可以遍布全國乃至全世界，每一個人都成爲一個轉播站，而法鼓山護法會的每一位成員也是一個、一個小型的轉播站。這是我們的理想，相信它一定會成爲事實。

像這樣的說明，最初我擔心曲高和寡，大家不易聽懂，但事實證明，每一個人聽了以後，都非常興奮而法喜充滿。我所到之處，他們都說：「師父已經把法鼓送到了每一個人的手上。」他們不僅是對我的慰問，感覺難得可貴，對我的開示也覺得稀有難聞。

這五天的行程都是早出晚歸，連日中的午餐，往往都得在車子上吃便當，或在信徒家中以爭取時間的方式快速用畢。雖然我很疲累，但是並沒有白費。各組組長爲了接待我的慰問，也都向他們的工作單位請了事假，特別在家中布置恭候。各組所屬的勸募會員和護持會員，經過我的慰問之後，也都能夠順利地聯絡和親切地溝通，我覺得這樣的訪問，對於宣揚法鼓山的理念來說，要比做十場大型演講還要有用，因爲這是面對面的，使他們感到更親切地跟我接近，我也有機會更深一層地認識他們和關懷他們。

春暉組

對於小組長的慰問，還有幾個特別組。八月十六日，我訪問了北投的春暉小組，該組成員是春暉印經會的會員，該會的創始人是翁嘉瑞居士夫婦，現任會長是高國和居士，現有會員一千多人，一向對中華佛學研究所熱忱護持，特別是今年以來，已把護持法鼓山的建設作爲其重點工作之一。當天我們去訪問時，到了一百多人，當場就有幾位居士，發心捐款十萬元以上，尤其該會爲我們設計並開始響應以純金觀世音菩薩的項墜義賣，這也是我們護法會的重要捐款來源之一。

此外，該會每年發動兩次法鼓山的朝山活動，每次都有五、六百人參加，最近十一月四日的一次多達一千三百餘人。

臺南組

八月十七日下午，率同理事長楊正居士等重要工作人員，專程到臺南舉行一次聯誼會。當地負責人是楊黃玉淑居士，她是楊正理事長的長媳，也是把楊理事長引進佛門的人；是先由她到農禪寺參加我所主持的禪七，然後才把她的公公帶來農禪寺。由於楊黃玉淑居士非常熱心，所以臺南護

▲為了推動佛法，作者南來北往至各處慰問護法會的成員。

持法鼓山的成員已經超過一千多人。當晚在我開示之前，就有一位熱心的居士以隱名氏的方式捐獻新臺幣一百萬元，使得會場氣氛非常熱烈。單是該地具有代表性的成員就有五十多位，並有一位顏淨一居士主動發心，願意在他的有生之年盡力推動勸募工作。

由於這次的臺南之行，也讓我認識了《中華日報》社社長詹天性先生。因爲其副社長王士祥居士是先師東初老人的皈依弟子，跟我們有相當好的關係，又由於他的親家游祥洲博士，今（一九九〇）年初曾爲中華佛學研究所召開的第一屆中華國際佛學會議，擔任總策畫人，所以對我感到非常親切。到了十月十日便由游博士帶了他們兩家大小到農禪寺訪問。這次會面是緣於臺南勝利電臺的老闆李明威、李秋頻夫婦的安排，同時會見的還有立法委員王滔夫、國大代表蘇裕夫以及幾位工商界的人士。他們聽到法鼓山的理念之後，也感到很有興趣，並表示願意盡他們的力量給予支持。

高雄組

十七日當晚，我們到了高雄市，夜宿澄清湖畔的湖濱大廈，那是一位耳鼻喉科醫師鍾蜂起居士的別墅，我最近幾次到高雄，都住在那裡。這次去高雄有兩項任務，第一是見見那邊護法會的成員，第二是做兩個晚上的演講，而演講的目的是爲了把法鼓山的理念告訴關心我們的高雄人士。其實這是兩回事，我在高雄已經做過十次以上的演講，但是護持中華佛學研究所以及法鼓山的風氣，還沒有在當地有效地推展開來。所以我說弘法歸弘法，聯誼歸聯誼，不要希望以弘法來達到聯誼的目的，也不要希望以演講來爭取支持法鼓山理念的成員。我們在高雄的負責人，是陳志傑居士夫婦和黃文翔醫師等華嚴學佛會的會員，由於我們的來到，使得他們前前後後忙了好一陣子。特別是陳志傑居士的夫人鄭朱素瓊，爲了搬運我們從臺北運去的幾十箱結緣書籍而閃了腰。當她告訴我的時候，我感到非常歉疚，演講結束之後，她需要收拾善後，又再度搬運那些結緣書籍，想不到又把扭傷的腰治好了，她非常歡喜。這次到高雄弘法，我們提供的結緣書籍價值數十萬元，加上演講場地的租金和各項活動的開支，人力和物力的投注都很大。如果希望以此換取更多的人來支援法鼓山，實是得不償失的事。而我的信念就是要到處去撒網，總會有人來收網的。世俗的人還會說「成功不必在我，播種不問收穫」，何況我們是以擔當如來家業爲職責的佛教徒呢？只要有更多的人因此而接觸佛法、接受佛法，就是我們的目的，就是我們的收穫。何況華嚴學佛會及若干居士們，也正在爲法鼓山而全力以赴之中。

十九日晚上，舉行高雄地區的法鼓山聯誼會，有熱心居士五十多人參加，由黃文翔醫師主持，會中熱烈討論並響應推動法鼓山理念的運動及工作的方針。聽完我的開示之後，大家都覺得自己責無旁貸。

中部組

八月二十日晚上，我們一行到達臺中市，借婦女會大樓舉行聯誼會，現場由賴育津居士主持；臺中市長林柏榕居士也特地到會致詞，對我個人及法鼓山的中華佛學研究所表示讚歎。這個聯誼會還包括了彰化、嘉義和豐原地區的勸募會員和護持會員，豐原明山寺的明空法師也帶了他幾位熱心的信徒來出席會議。中部地區認識法鼓山的人至今雖仍不多，但凡聽到我們的消息和報告之後的人，都會非常樂意地全力支援。同時臺中市的電信局也剛成立了學佛會，由會長林澄火、副會長洪杜棕兩位居士領導，也請我去開示，並表示對法鼓山的支持。他們之中有一位唐家珪居士夫婦特別熱心，一個人拿了三本勸募簿。他是我早年在軍中服役時的同學和同事，三年前我在臺中演講之後，他們夫婦兩位都發心皈依了三寶。有人問他為何如此熱心，他回答說：「我不熱心怎麼可以？聖嚴師父的事就是我的事。」我聽到之後，感動得幾乎要流淚。其實臺中另外還有幾位居士，如謝淑琴、賴育津等，也都有這樣的熱忱，法鼓山得到他們許多的支持。

慈安寺組

九月十一日上午，率同護法會的工作人員到臺北士林東吳大學對面山崗上的慈安寺。該寺住持是位年逾八十的比丘尼，晚年出家；其實她是在農禪寺皈依三寶，我給她的法名是果然，對法鼓山也非常熱心。由於透過另一位農禪寺的皈依弟子黃果慈居士的勸募，使得該寺的信徒全部成了法鼓山的護持會員。這一組的護持人數最多，募得金額也最多，而且月月如此。我在那兒見到的多是家庭主婦及年長的信徒，他們把每天的菜金和自己的零用錢十元、二十元地累積起來，作最虔誠的奉獻和護持。我想他們這種錢，一塊應該當作十塊、百塊來用，好重好重；故祝福他們所有的功德，也和他們所付出的努力和全心的奉獻相等。我告訴他們，對法鼓山的布施並不是師父要錢，師父只是一個用來接通有無的管道，好比有的人急需輸血，有的人發慈悲心願把鮮血輸給別人，我就做這兩人之間的輸血管。我沒有功德，功德是他們；我沒有助人，助人是他們。而且，他們的每一塊錢捐給法鼓山，將來法鼓山對千千萬萬人發生弘法的功能和作用時，他們的每一塊錢就和千千萬萬的善男信女結了善緣。他們聽了以後更有信心護持三寶。

七、輔導課程

護法會的勸募工作自開始以來，自動參加的人非常踴躍，但是我們從未做過有計畫的輔導工作，也就是如何把法鼓山的理念，淨化人間的活動，普遍地讓所有的護持會員清楚；以及如何採取同樣的態度和步驟來從事這項運動的推廣，我們尚未開始。所以我在八月二十二日、九月五日、十二日、十九日的四個晚上，做了八個小時的課程說明，內容包括法鼓山的緣起和將來、中華佛學研究所的過去和現在、聖嚴法師與法鼓山、農禪寺與法鼓山、法鼓山的鼓手是誰、如何成爲擊法鼓的鼓手，以及四眾佛子共勉語。這四堂課都已製成錄音帶和錄影帶，同時也已記錄成文字，以便於護法會輔導工作的順利進行。

當然，我不是一個全能的人，爲了這四堂課，參考了許多資料，也請教了好多專家。不過，我並沒有時間預立組織和寫下綱領，只是非常自然地上完四堂課，好像有什麼人借了我的嘴做了這件事，我自己並不覺得那是我講的話或是我做的事，相信那是三寶的加持和所有法鼓山有關人員的福德所致。正如我在訪問各組長及勸募會員時所說的話一樣：「由於眾生的需要，所以佛陀出現世間來教化人間；由於我們這個時代和環境的人類需要佛法，所以法鼓山應運而生。我個人只是其中的因緣之一，主要的力量是來自跟法鼓山有關的一切人乃至一切眾生，不僅是現在的和國內的，乃至於全世界和盡未來際所有受到法鼓山影響的一切眾生，都有關係。」

每次來上課的人員都超過三百位，課程結束之後，他們充滿了信心，並希望接受更多類似的課程。我告訴他們，多了不一定就好，若能把好的、有用的佛法，去熟悉它、熟練它，而付諸於實際的行動，那才更有用、更可貴。所以他們將這四課的內容當作教材，反覆輔導自己並且輔導他人，特別是十條二十句的共勉語，我鼓勵他們人人都能背誦熟記。我花了兩個小時把這二十句話作了詳細的講解，當我剛上完第四課時，聽眾

▲作者於一九九〇年八月利用四個晚上時間傳授法鼓山的理念。

之中已有許多人能夠背誦出來，可見他們上這四堂課的態度之認眞，使我非常感動和感謝。現在我把寫於今（一九九〇）年五月十五日的這二十句「共勉語」抄錄如下：

「信佛學法敬僧，三寶萬世明燈。
提昇人的品質，建設人間淨土。
知恩報恩爲先，利人便是利己。
盡心盡力第一，不爭你我多少。
慈悲沒有敵人，智慧不起煩惱。
忙人時間最多，勤勞健康最好。
爲了廣種福田，那怕任怨任勞。
布施的人有福，行善的人快樂。
時時心有法喜，念念不離禪悅。
處處觀音菩薩，聲聲阿彌陀佛。」

以上二十句話，就是作爲護法會的全體成員用來自利利人的家常話。希望他們熟背之後，遇到不同的情況發生時，都能隨心所欲地加以運用，不論遇到順境或逆境，都可以選擇其中一兩句來勉勵自己、安慰他人。行菩薩道是爲了發菩提心，發菩提心是爲了利益他人。做了好事而不得眼前好報的情況難免會發生，而且很可能發生，乃至一定會發生。在修行的過程中，也會常常遇到自己內心的低潮和心結，亦可稱之爲瓶頸，如果能善用這二十句話，就能向內爲己調心，也能對外慰勉他人。

八、又要去香港

▲從海上看香港的景致，是多麼的寧靜與安詳。

對我而言，去香港要比到美國更難。雖然從臺北到香港的距離很短，飛行時間只有一個小時，但是去香港的簽證要求跟去英國相同。因爲我有美國居留權的身分，持的又是中華民國護照，爲了防止入境之後既無法遣送至僑居地，又不受中華民國臺灣政府的歡迎，增加香港及英國政府的麻煩，所以像我這樣的身分，必須在美國取得回美許可的證明，然後才許入境。

回美許可證的取得，在一年以前相當麻煩，必須起大早到移民局門口排長隊，幾乎要消磨一天的時間，這是我很難有空去做的事。所以前次去香港，用的是過境簽證，到了當地之後，再請醫生證明我害病，延期了兩天離境。這一次直到我從紐約回臺北之前，還沒有想要取得回美證，原因是我的工作太忙。最後因爲答應了香港的三天演講，不得不在六月二十八日去一趟移民局，經過詢問之後，始知現在這項申請手續相當容易，只要取得表格，附上綠卡或是前次申請而已過期的回美證，用信封加上手續費的支票和兩張斜側面半身相片，即可在兩至三個月內收到這項證明文件。因爲它的顏色是白的，所以通常被稱爲白皮書。

七月上旬回到臺灣之後，因爲法務忙碌，幾乎已把白皮書和要訪問香港的行程都忘了。直到九月上旬，果元比丘從紐約回到臺灣參加一項講習會，爲我帶來那份白皮書，才開始通過旅行社申請到了訪問香港的簽證，而且只給我一週的逗留期限。

九、隨行與迎送

以我的年齡來算，一個剛過六十歲的出家人，應該不能算太老，但是我的身體一向病弱，加上勞累之後更顯得瘦骨嶙峋，看來弱不禁風。臺北的信徒們聽說我要獨自一人去香港弘法，不帶任何隨從弟子，所以祕密地安排隨從人員，正好有三位居士在那段期間訪問日本，回國之時安排在桃園中正機場等待會合，然後與我同班飛機飛往香港，就近照顧。她們是葉玲玲、錢文珠、鄭麗貞。另有一位闞太太施玉美居士為了替我運送一批準備在香港結緣的佛書，臨時辦了簽證隨行。因為這幾位都是我們護法會的重要成員，負責公關、慰問、輔導等工作。我去香港是弘法，她們去香港，除了照顧我，也做了不少臺港佛教徒間的橋樑工作。

十月十六日下午四點，我從臺北飛往香港，送機的有四十多人，他們都是農禪寺、護法會及研究所等的成員。在香港機場入境室來接我飛機的有七人，包括暢懷法師、丁佩、黃麗蓉、林錦瑞、李康年、林定玉等。他們首先把我們接到暢懷法師的道場——香港中華佛教圖書館。由於我這次演講會場是在新界的沙田大會堂，所以在圖書館賓主敘禮之後，就由丁佩居士把我送到沙田的帝都酒店（Royal Park Hotel），從我習慣上的理解，酒店應該是喝酒買醉的地方，初看我還不想進去，經過瞭解，香港和廣東稱爲酒店就是飯店，飯店就是旅館，高級旅館都稱爲大酒店，這在臺灣是見不到的名詞。

一〇、沙田

香港共有四個部分，即香港本島、九龍、新界和大嶼山等島嶼。九龍接近大陸，香港靠近海港，新界是翻過獅子山一塊原爲農田的地區。商業中心當然在香港和九龍，住宅則漸向新界發展。新界地方的沙田，在十年前還是一片綠油油的農地，現已成爲第二副都市中心，是以住宅的高樓爲主，空氣相當新鮮，目前已是五十步一樓、六十步一廈的西方式都市風光。沿著山谷中央有一條沙田河，河的兩旁都是視野良好的高樓住宅；那條河原來用作灌溉，漸已成爲下水道出口，所以遠看風光綺麗，走近臭氣薰人。香港政府正在夜以繼日地用挖泥船疏濬河床，據說不久的將來會在河裡看到悠遊自在的水族魚群。我們就住在那條河的左方，河邊是相當現代化的河濱公園，我從第九層的房間向下俯瞰，沙田景色一覽無遺，明媚舒暢，安靜而有遺世獨立的感覺。

這座帝都酒店另一邊的正前方是New Town Plaza，中文叫新城廣場大廈，其中一部分的建築物三樓以上，還在建築和裝修中，其餘部分已經開張營業。這是一個大商場，從日用品到醫療設施，應有盡有。從帝都酒店到新城廣場有地面的和

▲香港沙田中央公園的景觀。

二樓的兩條通道，當天晚上我們經過二樓的通道去新城廣場的一家素食館「新妙香」用晚餐，一桌十三人。那是我們臺北去的四人，接機中的五人，另外又來了三人，他們是香港佛教青年協會的會長袁文忠居士，還有準備在旅館終日陪我的郭永安居士，以及要爲我煮飯送菜的陳燦惠居士。他們爲了表示敬意，訂了共有十三道菜的素席，每一道菜都非常豐盛而且碗大盤大，如果是帶湯的話，幾乎要溢出盤緣，不帶湯的則堆積如山。可是我只能吃幾塊新鮮的油菜、青菜花，還是太過油膩，很難下嚥，所以要了一碗白飯，才吃得津津有味。他們見我吃白飯，於心不忍，但我告訴他們，細嚼慢嚥，一口飯嚼上三十六次，你會享受到既香又甜的美味，而且容易消化，營養就夠了。

像這樣的飯局，在香港期間還有一次，那是十月十九日中午，到香港本島的法雨精舍訪問松泉法師，他請我們到附近的「悅香齋」用午齋，照例也是豐盛的一餐。他們看我很少吃菜，只管吃飯，爲我難過，問我究竟想吃什麼？我說：我這個人生來無福，但還有福。所謂無福，是當我從少年到中年的階段，食欲很好，但連豆腐都很難得吃到，都是以粗茶淡飯度日過活。到了中年以後，漸漸有好東西吃了，我的腸胃卻漸漸地不能接受了，凡是好的、貴的、細的，我幾乎都不能吃。所謂有福，是因爲常常有人請我，或者我請別人，不論是所用的材料或烹飪的技術，都讓我見識不少。我自己雖然不能多吃或者根本不吃，但是每逢飯局我都非常歡喜。

一一、大會堂演講

這回我去香港，遠因當然是兩年前我曾應邀在北角大會堂做了兩場演講，而使得主辦單位香港佛教青年協會希望我再有機會去弘法。近因則是由於丁佩居士於今（一九九〇）年元月中旬，回國參加第一屆中華國際佛學會議的聽講，向我提議由她負責安排去香港做更大型的演講。當時我告訴她，可能無法去成，她說一切由她負責，連簽證手續也由她代辦，保證我能順利成行。盛情難卻，我含糊地答應了，但我相信她是辦不出來的。結果她聯繫了香港佛教青年協會，正式替我安排日期和會場的租借手續。到了八月下旬，我雖尚未辦妥赴港簽證，而佛教青年協會負責聯絡工作的黃麗蓉居士又是電話又是傳眞，接連向我索取演講的題目，我也就隨口告訴他們三個題目，因此我又去了一趟香港。

三個晚上的演講是十月十七日的「禪——如來如去」，十八日的「禪——解脫自在」，十九日的「禪——平常身心」。均由香港佛教青年協會導師暢懷法師主持，致歡迎詞時，語多讚歎。現在把三次演講的主要內容介紹如下。第一晚的「如來如去」是說明禪是安定、平穩、和樂的生活方式；是開朗、寬大、涵容的生

▲作者於一九九〇年十月十七、十八、十九日三天，在香港沙田大會堂弘法。

活智慧；是合情、合理、合法的生活原則。並且說明如來也是如去，因爲《金剛經》說：「如來者，無所從來，亦無所去。」如何能夠見到如來？《金剛經》說：「若見諸相非相，即見如來。」又可以用《五燈會元》卷一六白兆圭禪師的話來說明：「譬如空中飛鳥，不知空是家鄉；水裡遊魚，忘卻水爲性命。」如是的來，如是的去，就是《中觀論》所說的「不來亦不出（去）」。同時說明凡夫所見的一切現象都是有來、去、生、滅、成、壞。佛法告訴我們，有來有去是虛妄的假相，不是實法，唯有佛所見的如來如去才是眞實。所以《六祖壇經》說：「若無世人，一切萬法，本自不有，故知萬法，本自人興。」《傳燈錄》卷二八馬祖說：「萬法皆從心生，心為萬法之根本。」這是指的分別妄想、執著的心。若無眾生的心理活動，一切現象就不存在；但是聖人要從凡夫開始，先是有來有去，然後才能實證如來如去。

第二晚的「解脫自在」是說明世間無事，庸人自擾，本來自在，何須解脫。如果迷，就不自在，悟就自在。所以慧覺廣照禪師說：「見聞覺知，俱為生死之因，見聞覺知，正是解脫之本。」心中有罣礙，就是生死煩惱，心中無罣礙，就是解脫自在。罣礙不在心外，解脫不從他求。所以當四祖道信向三祖僧璨求解脫法門時，三祖問：「誰縛汝？」曰：「無人縛。」師曰：「何更求解脫乎？」四祖便於言下大悟。只要迴心反照，心中不留點塵，就是解脫自在。並且說明自在有四個等級：第一是凡夫的假自在，是當他意氣飛揚、平步青雲、躊躇滿志時，會感到自由自在，那僅僅是一時間的假相。至少他不能從生與死的觀念和界限得到自在。第二是小自在，那是指小乘的聖人，能夠離開三界的生死牢獄而進入寂滅的涅槃境界，但他們厭離生死而不能在生死中自在地廣度眾生。第三是大自在，是指大乘的菩薩，他們不受業力的控制而受報入生死，但以願力的化現在生死的凡夫群中泛大慈航，普度群生，所以從生死得自在，不受生死所困，也能自由自主在生死中往返。第四是究竟自在，那就是佛，我們要從不自在而發現假自在，然後通過大自在而得究竟自在，這是學佛的旅程。

第三晚的「平常身心」是說明從平安的身體、平靜的心理而做到日日是好日的程度，同時分析現代人的身心是緊張、空虛、受到環境刺激的、又是無所適從的。但是禪的功能能夠達成：1. 身體的健康，2. 心理的平衡，3. 精神的昇華等目的。至於禪宗所講的平常身心，生老病死的身體就是四大和合的身體，如果不知它是假、是妄，其虛妄的貪愛執著就是煩惱，相反的就是智慧，就是解脫。所以四大和合的肉身就是平常的身體，迷者因此生煩惱，智者因此證福慧。至於平常的心就是我們待人接物起心動念的那個心，在凡夫說那是煩惱，在智者說那是智慧；用之得法，平常心就是菩提道，用之不得法，平常心就是煩惱業。如何用之得法？那就像一位源律師問唐朝的大珠慧海禪師：「如何用功？」師答曰：「饑來喫飯困來眠。」問曰：「一切人總如同師用功否？」師答：「不同。」問：「何故不同？」師曰：「他喫飯時不肯喫飯，百種須索；睡時不肯睡，千般計較。」也就是心無二用，不要雜用或妄想紛飛，那就是用功，就是發現平常心的最好方法。因此《金剛經》說：「過去心不可得，未來心不可得，現在心不可得。」這不可得的心，就是平常心。明知過去已經過去，未來還沒有來，現在正在過去，還要思前想後自煩煩人，那就是迷失了平常的心。

▲在沙田大會堂弘法時，座無虛席的觀衆專注地聆聽演講內容。

三場演講均由演慈法師擔任粵語翻譯，忠實、清晰、傳神、佛學基礎好、一般知識豐富，也是演講成功的主因之一，非常感謝她。

以上三篇演講中的頭兩篇，已在臺灣的高雄講過，後來到了美國，又把第一篇再講一次。不過綱目雖相同，講出的內容並不全同，是由於場地、時間、對象的不同而作了變動。最後一篇則只在香港講出。

沙田大會堂的演講廳共有一千四百個席位，由於主辦單位經驗不足，事前沒有做好充分的文宣工作，沒有運用大眾傳播媒體如電臺和報紙，海報的製作也不醒目，僅在幾個素餐館及若干道場貼出；此外，入場券的派送技巧也不得要領，事前沒有人可以得到，必須到達會場門前才發給入場劵。許多人恐怕得不到門票而沒有來，而也有許多人願意聽講但不知道有這樣的演講。主辦單位的考慮是擔心若聽衆太多，門票不夠，因爲會場的管理和要求非常嚴格，不准有站立的人。結果第一個晚上只到了一千人左右，第二、第三個晚上多了兩、三百人。所以丁佩居士向主辦人員建議，下次再辦類似的演講，文宣工作及派票方式要研究改進。但對我來說，樓上樓下兩層的會場能有一層爆滿已經很不容易，因爲那是香港而不是臺

▲擔任粵語翻譯的演慈法師不但佛學基礎紮實，而且能夠以清晰的口齒完全表達作者所講的內容。

灣，我雖有幾本書在香港很受歡迎，但畢竟不是已在香港有了基本聽眾的人。何況演講佛法不能在意人多人少，只要有人受用，哪怕一位兩位，也不算少。

一二、亞洲電視臺的「俗世梵音」

十月十九日上午，恆道法師率同她的信徒，到我住處訪問。她原住香港，曾擔任電視臺的節目主持人，十多年前赴美深造，在法界大學獲博士學位，同時也在宣化法師座下披剃出家。今（一九九〇）年回到香港，展開弘化活動，深得大眾傳播媒體好評，也很受香港大眾所歡迎，本來只是返港看看，現在已決定留在香港了。

事實上，香港佛教界的社會事業，如醫院、學校、墓場等，辦得還不錯，文字的宣導及口頭的宣講，還做得不多，故也極須年輕一代的僧俗四眾，努力以赴。

恆道法師問了我幾個有關弘法的基本原則及基本觀念的問題，我的意見是注意現實的需求，重視佛陀的本懷，以人爲本位的淨化工作，是要緊的。

恆道法師來訪的另一個目的，是由她主導，爲香港亞洲電視臺，策畫了一個宗教節目「俗世梵音」，邀請了包括我在內的港臺四位法師及居士，擔任主答，所以事先跟我協調並說明進行錄影的方式。

那是因爲香港新聞界及文化界，發現近年來香港也跟臺灣相似，新興宗教氾濫成災，多半打著佛教、禪學、密教的旗幟，實際是宣傳他們的怪力亂神。香港的社會人心，本來就缺少穩定性及安全感，加上一九九七年大陸收回香港主權期限的恐慌，迷信神奇神祕求取一時的安慰與寄託，的確會給社會人心帶來更多的隱憂與不安。所以邀請恆道法師給他們策畫這麼一個節目，以正本清源的態度，介紹健康與正統的佛教。

下午兩點三十分，我由黃麗蓉、郭永安、以及臺北同來的四位女居士，到沙田大會堂，以演講的方式與形式，坐在講座上，解答該電視臺節目製作人提出的問題，她用廣東話問，我用普通話答，南腔北調。據說在播出時的電視機前，將會是統一的。

當天的問題，跟我在《學佛群疑》一書中所解答的若干節，頗爲類似，例如「何謂正統藏傳密宗?」「非正統的密宗以什麼形式出現及它的流行情況?」「佛教未來的發展趨勢如何?」「大慈大悲的佛法對未來世界的影響。」

據說這是亞洲電視臺首次主動製作佛教節目，固然是他們覺得今日的香港社會，需要提倡正統正信的佛教，也是由於今日的香港佛教界，已在努力於佛教現代化、人間化、普及化的運動，並且產生了積極的效果，比如我及星雲法師赴港演講，每場都能有千人以上的聽眾，香港佛教青年協會現有青年會員一千多人，幾乎每晚都有上百人參加聽法，這在數年前是未曾見過的好現象。

一三、香港的護法居士

我在香港可以說沒有信徒，只有少數幾位道友，再加上健康的關係，雖然到了香港，也沒有去拜訪香港諸山。一來免得往來酬酢，彼此浪費；二來我是純粹爲了演講而來，沒有任何目的。這樣來聽講的人，不是爲人情或捧場，否則等於我又欠了許多人情債。香港道友之中的法師，接觸和交往最多的是暢懷法師和松泉法師；此外就是少數幾位居士，那是佛教青年協會的幾位熱心的成員，如會長袁文忠、黃麗蓉夫婦等，以及在臺灣認識的兩位居士，其中一位是丁佩，另外一位是施思。

除了香港佛青的人員之外，丁佩居士爲我這次的香港之行花了許多心血，我的機票和在香港住宿的旅館費用，都是由她跟她孩子的父親向華強先生化的緣，而且在香港期間用她的汽車爲我接送，她把她的孩子、父母都帶到會場聽講。向先生是個非常忙碌的人，原是電影演員，現在是製片人，事業相當順利而成功。第一晚聽講之後，特地到我的旅館房間坐談了三十分鐘，爲人穩健、誠懇、禮貌，眞是一位翩翩君子。看來只有三十多歲，其實已不止此數，因爲他們的孩子已經十四、五歲了。他和丁佩雖已離婚，但彼此仍相互照顧，相敬如賓。由於我的訪問，也使向先生第一次眞正接觸到佛法。據他告訴我說，現在的丁佩跟過去判若兩人，那是因爲她接觸了正統的佛教信仰；她以前雖也信佛信神，但只在迷信階段，現在的丁佩不但性格爽朗，思想純樸，也很積極關懷他人、幫助他人，尤其對於護持佛法的熱忱，更是難得。

說起丁佩，可能大家都知道，她是香港七十年代到八十年代間的電影明星，自從武打紅星李小龍離奇死亡的故事發生之後，一時之間，成爲一個非常受人注目的女性。據她說，她是一個李小龍的崇拜者，直到現在誰也不知道李小龍是怎麼死的。但由於這樁事件的發生，使她更積極地接觸佛法而接受佛法，所以她非常感謝李小龍，並把他視作菩薩化身。至於她是如何見到了我呢？那是在五年前，有一位從臺灣去香港經商的鄭正光先生，計畫和丁佩等幾位香港人士合夥做生意，知道丁佩信佛，所以送了她一本我的著作《學佛知津》。她看完之後便急著想到臺灣見我一面，遂由鄭先生把她帶來農禪寺，從此就把我當成她的師父。她對我非常尊敬，不但把她所認識的蔣緯國將軍介紹給我，同時也不斷地運用她的關係支援我們中華佛學研究所。例如她知道我童年是在江蘇南通的狼山出家，而她有一位香港的朋友張愼爲先生，雖然是基督徒，但他是南通出的最後一位狀元張季直先生的曾孫，所以對我們的佛教教育非常關心，捐了好幾次款。這次我到香港，她特別把這位張先生約來旅館見我。他的事業相當多而大，也是一位絕對的忙人，他前一天才剛從中國大陸回來，更讓我覺得難能可貴。因爲我在我的《歸程》那本書中，引用他祖父張孝若的著作《南通張季直先生傳記》，以相當多的篇幅介紹張狀元，同時我對張狀元與佛教關係的事蹟特別注意。例如他晚年無子而求觀音菩薩，結果夢見觀音送子，他的夫人於是懷了唯一的兒子張孝若先生，同時他也因此而修復狼山的觀音庵，蒐集了許多古來名家的觀音畫像，藏於狼山。因此我跟張慎爲先生談得非常愉快，相信他多年以來很難有機會找到相當的對象，來談論和敍述他們張家在南通的偉大貢獻。尤其當他聽我說到國父孫中山先生是我國政治革命的功臣，張季直先生（西元一八五三—一九二六年）是我國工業革命和經濟建設的第一位功臣，他非常高興，也表示同意。

張慎爲先生並且告訴我他曾祖父張狀元是排行第四，晚號嗇庵，墓名嗇公，在文化大革命期間所發生的故事：在毛澤東破四舊的號召下，紅衛兵當然把張狀元的墳墓徹底破壞，同時以爲一個狀元的墓中定有不少陪葬的珍寶和貴重器皿。但當紅衛兵把狀元的棺材打開時，除了看到遺體完好如初而且鬚髮如生，並沒有發現任何值錢的物品，僅在他的枕下搜得一只玉盒。他們認爲其中必有稀世之寶，因而使得遺體不壞，於是打開玉盒檢查，結果其中只不過是一團乳髮而已。所謂乳髮是從胎中帶來的頭髮，張狀元初次理髮之後，由他母親保存，成人之時轉交給他，一直將之視為父母的遺物而保藏。中國人講孝道，所謂「身體髮膚，受之父母，不敢毀傷」，張狀元不愧是一位飽讀中國儒家聖賢之書的人。乳髮不能算是陪葬之物，而是原屬於身體的一部分，是對父母孝思的表示，也是至死不渝的賢者精神。至於他的遺體為什麼葬後四十來年還是完整如初，應該另有原因；不過開棺之後接觸空氣，遺體不久就漸漸腐爛了。

張愼爲先生又說，紅衛兵把狀元的棺木打開之後，他的嬸嬸偷偷地將遺體收拾火化，然後寄放民間某個地方，後來那個地方成為一處工廠。一九七九年之後，愼爲先生回到南通，尋訪他曾祖父的骨灰所在，經過南通地方政府的全力協助，終於找到。但是他得付二十萬人民幣作為寄放保存的手續費，同時又捐了一筆錢，重新修復嗇公墓，把原來已被破壞的墓園建材找回來。這讓他再度發現張狀元的智慧是人所不及。張狀元似乎早已料到身後會有人破壞他的墓園，所以建築的材料都很堅固而樸實；破壞時可以把建材分解而移作其他用途，修復時只要把那些建材找回來，予以組合，其結構又能完好如初，嶄新如故。以上的故事是在其他資料中所見不到的。

張愼爲先生在香港很有地位，是華胤馨投資公司的董事長，也是香港有名的慈善家，曾擔任過東華三院的總理、保良局的總理、公益金百萬行的副主席，又是港九老人福利會永久名譽會長，又是世界兒童基金會的會員，無怪乎他要說，以他賺到的和用掉的金錢來說，要超過他的曾祖父了。

一四、明星和歌星

我在佛教界不是一個很有說服力和感化力的人，不管是誰，我都會以同樣的態度來看待，但也有一些名人通過朋友的介紹來跟我做朋友、聽佛法、乃至成爲三寶弟子。演藝界的人士很難接觸佛法，因爲他們的生活特殊，想法也跟常人不同，不容易有機會讓他們瞭解佛法而接受佛法。他們多半會信基督教，只有少數人由於善根因緣而成爲佛教的信徒。有一些人雖然信了佛教，卻不敢承認自己是佛教徒；承認自己是佛教徒的，也很少是眞正瞭解佛法的人。其實演藝人員最需要佛法，他們的一舉一動都能影響到他們的觀眾和聽眾，如果信仰佛教，就能帶動社會風氣，使得家庭佛化，社會淨化。

在演藝人員中，認識我最早的是施思。十年前，當我接辦中華佛學研究所時，她以臺北華嚴蓮社成一法師皈依弟子的身分來護持我們，那是因爲成公是我們的副所長。後來每當她從香港回到臺灣，偶爾會單獨到農禪寺來訪問和聽經。她是一個非常純樸的女孩，不像一般的電影明星，所以成一法師常對我說，這個孩子很有善根。後來她曾有幾次打算息影，退出演藝圈，做一個修行人，意思好像是要出家，問我先讀佛學院好呢？還是繼續做幾年的演員好，我說兩樣都好，要看她本身的情況而定。想不到去（一九八九）年年初傳出她跟鴻源企業機構的老闆沈長聲先生結婚的消息，這是要向她恭喜的事。結婚和出家之間的選擇非常重要，既然有了選擇，就是好的。她在婚前與婚後曾兩度把沈先生帶到農禪寺與我見面，在我的印象中，沈先生不像是一位在商場叱咤風雲的人物，而像一位溫文儒雅、輕聲細語的書生。他也是佛教的信徒，學的是西藏的密宗，手中拿著長串的念珠，非常樸素。因此我想她是嫁對了人，應該不是嫁他的錢，因爲他的確是一位可以相託終身的好丈夫。但是萬萬想不到，今（一九九〇）年開始以後，鴻源連連出狀況，結果沈先生以違反銀行法經濟犯罪名而被逮捕入獄，僅有七年歷史的鴻源機構跟沈先生的關係就此告一段落。在內外交迫的情況下，沈先生的身體健康非常不好，有嚴重的腎臟病，而施思也因爲鴻源的關係，外界對她有許多難聽的風評和猜測，所以長期住在香港，結果也因此大病數月。當她聽到我要去香港，人還在病榻，連走路都需人攙扶。我在香港演講的第一天上午，突然見到施思和她母親出現在我旅館房間門口，使我感到很驚訝，我的第一句話不是「妳好嗎？」而是「妳不是病得很重嗎？」她告訴我：「聽到師父已到了香港，很奇怪地，我就能夠從香港本島開一個小時的車到沙田。由於遇到一位好醫生，吃對了藥，正在康復之中，今天我的病彷彿已經好了。」我眞爲她捏一把汗，她是個病人，怎麼能開一小時的車來看我！後來一連三天她都來聽講，並且給我送這送那，問我要吃什麼、要用什麼。我說我只要看到妳，我就放心了，什麼也不需要。從她的言談中知道，她對她的婚姻並不後悔，不過修行的念頭還是非常強烈；不論是在家或出家，對佛法的修行，她應該是不會退心的了。

另外，丁佩也帶來一位在臺灣相當有名的歌星冉肖玲，她聽了我三場演講之後，非常感動。冉肖玲早已接受佛法，也看過我的書《正信的佛教》和《學佛群疑》，所以要求我收她爲弟子。我告訴她：「學佛在於個人，皈依的對象是三寶，然後親近有緣的善知識。妳希望做我的在家弟子，叫一聲師父就好了。」於是她帶了另外兩位太太應唯麗及李婉姬，就地對我拜了三拜，便算是我證明她們皈依了三寶，並爲她們各取一個法名。當我在演講中說到如來如去的比喻時，她非常歡喜。我說我在中國大陸出生，童年出家，青年到了臺灣，中年去了日本，晚年又到了美國。因此，臺灣當地人把我當作大陸人；我回到大陸，親人把我當出家人，我往年的朋友、老師、鄰居以及所遇到的人都把我當作僑胞和臺胞；我在日本時，日本人把我看作中國人；我在美國，西方人把我當作東方人。所以，沒有一個地方認同我而把我看成是他們同一夥的人；如果要說，只能說我是天涯淪落人。好在我知道佛法說如來如去，不管別人看我是哪裡人，我來也一樣，去也一樣，心中沒有芥蒂；尤其我是出家人，出家無家，處處不是家，處處都是家。冉肖玲是個非常爽朗的人，在臺下一千多個聽眾中，她第一個哈哈笑了起來，引起全場的爆笑，這使我印象很深。

另外一位歌星是劉藍溪，在三藩市見到。我到三藩市之前根本不知道還有一位歌星弟子在那裡。十月二十五日晚上於大覺蓮社演講之前，她帶了她的同學和同學的母親來看我，我覺得她很面熟，但就是不知是誰。後來她告訴我，一年前有一位她先生梁榮基醫師的同事尤碧娥醫師把她帶到農禪寺皈依三寶。當時我還說她不像是歌星，因爲她的穿著樸實無華，倒有一點像是學生，她也是因爲看了我的幾本書而請尤醫師帶她來見我的。尤醫師認識我的時間很早，三十年前她還是臺大醫學院的學生時，就常利用假日假期到北投的中華佛教文化館學佛修行，看書自修。

一五、大嶼山

這次在香港逗留的時間共有五天，做了三晚的演講之後，還餘下一天。接待人員問我要去那裡參觀或就在旅館休息，經過考慮之後，我選擇了香港的離島大嶼山。

香港的大小島嶼有幾十個，其中最大的是大嶼山，面積比香港還大，所以香港政府正計畫把國際機場從現在的啓德機場移到大嶼山去，然後再把各島嶼以橋樑連接起來，完成一條高速公路，直達香港。聽說要費十多年的時間，幾千億的港幣才能完成。我知道香港本島的佛教道場規模非常小，多半是公寓大樓中的一層就算一個精舍；能有獨立門戶或庭院的道場，沒有幾家。倒是大嶼山上有兩百多座寺院，星羅棋布，錯落在起伏的山巒間。最大的一個道場是寶蓮寺，該寺從一九七四年開始籌建一座青銅大佛，現在已經完成，所以我想去參訪。

二十日早晨七點鐘從旅社出發，袁文忠、郭永安、林錦瑞、林玉定和我們臺灣去的五個人分乘兩輛「的士」，從沙田出發到香港中環的渡船碼頭，搭上九點鐘開往大嶼山梅窩碼頭的船。經過一個小時的航程，飽覽維多利亞港以及海灣列島

▲大嶼山是香港離島中最大的島嶼，寶蓮寺是島上最大的道場。

的風光，景色非常優美，不像是在海上，倒像是在湖內。船上擠了五、六百名遊客，多半是中小學學生和一些結隊旅遊的團體，其中不少是日本遊客。當天是星期六，我們到了大嶼山差一點叫不到上山的汽車，得擠在大批的遊客群中，搭乘上山的巴士。原來新華社駐香港負責人周南預定當天帶幾個團體上山訪問，包了大嶼山全山的汽車。後來由於大陸訪問團的一位高幹因意外從樓梯摔下腦部重

▲先到的客人（右：果如法師，中：道海法師，左：傳平法師）歡迎後到的客人（作者）。

傷，住進醫院，所以放棄了當天上山的計畫。有一位居士對我說笑：「法師有福，所以我們有車坐了。」我倒不敢做如此想。可能也會有人說，因爲我去訪問大嶼山，而使得大陸的一位高幹摔倒重傷，我的罪過就大了。這應該歸爲因緣，而不是誰有福、誰無福的關係。

大嶼山顧名思義，是香港離島中最大的島嶼，島上有不少佛教道場，據說早在一百年前就有一座鹿湖精舍，寶蓮是第二古老的道場，其開山祖師是從鎮江金山的江天寺去的紀修和尚，那是距今七十多年前的事。後來經過兩位住持的增建而到了聖一法師，在聖一之前是筏可老和尚。聖一法師擔任該寺住持已近二十年，對寶蓮寺的經營增建及開創海外十方叢林制度的規模，厥功甚偉。他把舊有的大殿翻新、增大、加高，兩旁的廂房擴建、整修、增建。現在還可以看到最初的規模，那是在大殿之後的幾棟規模較小的殿宇，現已成了祖師紀念堂和法師寮。現年六十九歲的聖一法師，繼承筏可和尚的遺志，在寶蓮寺前的木魚峯籌建了天壇大佛，更是一樁偉構。

聖一法師現在已經退居，由筏可和尚的弟子初慧法師接任方丈。當天我上山時，沒有見到方丈，倒是遇到了聖一法師，他正在寺中主持傳授三壇大戒的法會。雖然我們第一天晚上已經通知了寶蓮寺，而該寺也預定派一輛小型巴士到碼頭迎接我們，但我們到達該寺大殿時，卻不見有人迎接。當我們登上大殿前邊的石級，發現有三位一老兩少的法師站在殿前右側，向我們含笑相迎。走近之後發現他們也是客人，一位是道海老法師，他經常在香港和臺灣兩地弘揚戒律；另外兩位分別是傳平及果如兩位年輕的法師。他們說不期而遇，眞是有緣。又告訴我說，他們剛從大陸朝完四大名山來到香港，比我先到一個小時，才擺下行李到大殿禮佛就遇到了我，算是由先到的客人接待後到的客人。我們到大殿樓下一層，參觀聖一法師為七十多名新戒開示。其中只有二十多人是男眾，而聖一法師今（一九九〇）年剃度的男眾弟子就有十多人，可見外來的人數不多，當我們從法堂出來，遇到了他們的知客智鴻法師，他手上拿著無線電對講機，像是一個巡邏全寺的警官，只不過身上穿的是海青，可見他非常忙碌，見面就問：「我們另一位知客智慧法師到山下接你們，遇到了沒有？」我們說，大概時間弄錯了，沒有見到。該寺現有住眾三十多人，其中七位是女眾，但大嶼山的大法會都能動員全山乃至全香港的出家眾前來參與，可以說寶蓮寺是香港的首剎，第一名山。

一六、天壇大佛

寶蓮寺面積相當大，我眞佩服當初紀修老和尙有高度的智慧，在叢山峻嶺中選擇了一塊背山的盆地，從地理形勢看，是一個非常有靈氣的龍脈，從結穴之處向左右前後看，使人有既安全又開闊的感受。後來在它右側，又逐漸有不同的出家人蓋起幾十家像民房似的道場。這塊地有立於萬年不敗之勢的氣概，其他的道場就像眾星拱月，作爲該寺的陪襯，氣勢之興旺和靈秀在大嶼山可能找不到另外一個地方相比。到了該寺，我也興起了「如果我在這裡住下來，不也很有福報嗎？」的念頭。

趁著聖一法師還在佛事中，知客師爲我們引見了該寺鄰近的融靈法師、能慈法師，他們都是山上的長老，一起陪著我們坐上該寺的小型巴士去巡禮木魚峯的青銅大佛。這座佛像的底座蓮花臺下，拾級而上之處，模仿北京天壇周圍的白石階道和欄楯形式而建，故稱天壇大佛。全像有二十六點四公尺高，一九八六年九月四日跟中國大陸航天部簽定承造合約（所謂航天部，就是製造飛機飛彈的軍事工程部門），由航天工業科學技術諮詢公司承建，經過三年，到一九八九年完成，

▲從天壇大佛的蓮瓣下仰視佛頭。

花了六千多萬港幣。這座大佛的藝術設計和工程結構，的確可以傲視世界，在他們的資料中有一段介紹大佛的描寫，照抄如下：「此尊釋迦牟尼大佛妙相莊嚴安詳，佛的微笑以示慈愛，蓮花眼垂視眾生，右手施無畏印代表拔除痛苦，左手施與願印代表給與快樂，一一皆是祝福之相。」

無怪乎他們要把這尊大佛跟英國倫敦的大笨鐘，美國紐約的自由女神像，以及日本鐮倉的大佛來作比較。爲了取得社會各界人士的相應以及大陸政權的相助，他們強調這座大佛對香港社會文化及旅遊事業的發展具有重大意義，既可吸引中外信徒前去朝拜，也可招徠世界各地的遊客前往觀賞。相信這座由大陸技術完成的大佛，即使在一九九七年大陸收回香港的主權之後，他們縱然否定佛教的信仰，也會把它留著當作吸引各國遊客前往旅遊的一項投資和設施。何況在一九七九年以來，大陸已在高唱「宗教政策落實」、「人民信仰自由」，佛教在中國大陸也逐漸復甦。我祈求這尊大佛像眞能夠象徵佛教在未來的中國乃至世界的前途，就像青銅像的本身歷久而常新！

佛像雖然已經安裝完成，可是基礎的底部和大佛的內部尚在加速趕工之中。那些工程人員皆來自南京的航天工業公司。非常難得的，像這麼大的工程，而且是在山嶺上安裝，到目前爲止，還沒有發生過一次因工程而傷亡的意外事件。我

▲難得因緣殊勝，法師們以天壇大佛為背景，拍下這幀照片以誌紀念。右起：傳平法師、智鴻法師、融靈法師、作者、能慈法師、道海法師，左一為果如法師。

們看到工程人員用粉筆在佛座的蓮花瓣上寫著兩行字：「快快樂樂來港造大佛，平平安安早日回南京。」我不知道這些工人是否信仰佛教，但他們祈求平安，相信有願必成，因爲他們是造佛像，將來會有無數的人來膜拜。

參觀大佛之後，我們就在齋堂過午，有知客及陪我們上山的幾位長老同席，雖然我不能多吃，但山上的素菜非常豐盛可口，寶蓮寺眞不愧是名山寶刹，廚房的手藝也是一流。餐後我們在客堂喝茶，此時聖一法師已經領眾過完了堂，走出來到客堂與我寒暄。他廣東口音非常重，我只聽懂十分之一，需要他的弟子在旁翻譯。那些年輕比丘都很優秀，其中有位願炯法師，大約三十多歲，帶另外兩位年齡與他相若的法師，穿海青披衣，到客堂向我頂禮，並且說：「我們都是你的崇拜者，已經讀了許多法師的書，今天能看到你，非常高興，我們很有福氣。」他看我好像既瘦又病的樣子，帶著非常關心的口吻對我說：「法師，眾生需要你老常住教化，希

▲林則徐的對聯。

▲左起：聖一法師、作者、融靈法師、智慧法師、香港佛教青年協會會長袁文忠居士於寶蓮寺客堂茶敘。

望你老身體能夠更健康，能不能練習一種氣功使你更健朗？」他一邊說一邊以非常關懷的眼光看著我，好像在向我請求似的，使我非常感動。我從來沒有想到自己是一個這麼重要的人，也許今天佛教界人才太少，所以像我這樣的人也被認爲是難遇而不可多得的人。我想我是否能健康長壽，不是問題，即使活上一千年一萬年也不是重要的事，重要的是培養更多更多繼起的佛教優秀人才。

我們在客堂裡看完一卷約二十分鐘有關大佛從製造到安裝完成過程的錄影帶之後，被他們師徒幾人引導參觀該寺的建築和設備。願炯法師特地引我到一間廂房，展示一幅對聯，他說那是該寺的骨董，是由前清兩廣總督林則徐所寫的：

「風幡不動心安竟，
　鏡樹原非色是空。」

這寫的是《六祖壇經》中的一段公案，可見寶蓮寺的開山祖師是一位禪師，一直到聖一法師，每年還主持禪七。寶蓮寺是一座海外的禪林，而且名聞國際，凡是到香港參觀尋道的西方人士，都會去寶蓮寺向聖一法師求法。我在美國也遇到好幾位西方人是曾經跟聖一法師討論過禪法的。

一七、香港再見

從寶蓮寺出來已是下午兩點，但還有幾個道場預定要去訪問。由於我太疲累，所以僅訪問了其中的一個，即融靈法師主持的觀音寺。那座道場正好位在寶蓮寺與梅窩碼頭的中間，行車十五分鐘就到。這位法師在臺灣的佛光山與我有過一面之緣，我曾送他一串念珠；我自己沒有印象，他卻牢牢地記住。融靈法師現在也是寶蓮寺的西堂堂主，兼顧兩寺的法務，而以觀音寺為主。這座寺院位於非常陡峭的斜坡上，從他寺前的馬路向上看去，好像建在筆立的峭壁上，從停車場拾級而上，如果不扶著石級旁的扶手，一不小心，很容易摔下山去。我眞佩服這位法師的毅力。進了佛殿再上一層，走上屋頂，就見到另外一個世界。屋頂後方也是一片峭壁，不過有一個平臺，峭壁下的平臺連著前殿的屋頂，是個相當寬闊的廣場。融靈法師說，將來的主殿就在上面的峭壁之下，副殿的基地正在平整，而殿中將要供奉的一尊一丈多高千手千眼觀世音菩薩木雕像，已經被安置在平臺的左方一間臨時搭建的鋁板屋中。這位法師雖然年近古稀，而他的悲心悲願如此地堅定，實在使我欽佩。

下午三點，從梅窩乘渡船到九龍的尖沙嘴碼頭。因爲即將離開香港，飛回美國，臺北啟程時，忘了隨身攜帶寒衣。香港的幾位居士遂把我帶到碼頭上一家由大陸經營的中藝百貨公司，買了兩件廉價品棉襖，一共五百港幣，大家都說好便宜，如果跟臺北和美國的物價相比較，我卻不明白爲什麼說它便宜。再加上這兩件衣服是去年賣剩的清倉貨，本來我只要一件，卻讓他們叫我買了兩件，一件穿來美國，另一件讓他們帶回臺灣。因爲多少年來已經沒有逛百貨公司的機

▲左起：融靈法師、作者、聖一法師、願炯法師、妙光法師在寶蓮寺祖堂前合影。

會，所以對市面的行情完全不知道。

下午五點回到暢懷法師的佛教圖書館，也就是佛教青年協會的會址。下午六時在該處晚餐，暢懷法師親自下廚，煮了一大鍋羅漢菜請我。很久以來沒有吃過這麼好吃的羅漢菜了，所以我一吃就是兩碗，不僅使主人高興，連我自己也覺得意外。畢竟只有出家人才知道出家人的口味，所以約定下一次去香港，我只吃羅漢菜，不吃其他東西。飯後回到旅館已是晚上八點，收拾行李準備明天離港。

二十一日上午，我們從臺灣來的五個人被香港的居士們同時送到機場，然後分成兩批離開香港。首先把我送走，飛向美國的舊金山，然後他們登機回臺北。

一八、舊金山

我在一九七五年從日本到美國的第一站，便是舊金山，又名三藩市（San Francisco），那是由於沈家楨先生的建議，讓我先到美國西部，認識幾位中國法師，當時要我見的是度輪、智海、妙境三位法師，他們是到美國本土弘法的拓荒者。我在三藩市及洛杉磯一共待了六天，都是行色匆匆，沒有留下深刻的印象。存在記憶中的，有智海法師的般若講堂，我在那兒住了一個晚上。還有度輪法師的金山寺和萬佛城，當時的萬佛城只有房子，還沒有任何設備。另外是妙境法師的佛教僧伽會。我又到洛杉磯參觀了越南籍天恩法師的東方佛教大學，同時也參觀了幾個日本淨土眞宗的道場，就是沒有參訪有關於禪的中心以及佛教有關的大學。

舊金山這個名稱是由產金而得名，在開發美國西部的過程中，曾經發生過許多感人的故事，而也曾有一批中國的奴工，來參加舊金山的鐵路建設。直到現在，還有一個著名的阿卡垂茲島（Alcatraz Island），島上成立了一個紀念館，陳列著當時中國奴工所留下的悲慘生活的史蹟、圖片及遺物。那個島是專門拘留中國奴工的，據說是中國人身上帶有傳染病，所以被關在該島，接受檢查。這次我們經過金山橋時，發現該島已經成爲一個觀光的景點。

舊金山是位在北加州的一個半島，向南是大陸，一直通向洛杉磯和聖地牙哥，向北是一條金門海灣，通過兩座橋向北，可到奧勒岡州和華盛頓州以至阿拉斯加，這兩座橋我這次都通過了，第一座叫三藩市奧克蘭灣橋（The San Francisco-Oakland Bay Bridge）。另外一座是金門大橋（The Golden Gate Bridge）。每座橋都發生過好多故事，所以都是遊客覽勝的重點。

這一次因爲我在三藩市住了九天，而且每天都在外邊走動，所以對它的地形地貌和風景，大致都有較爲清晰的印象。舊金山是半島也是山，半島錐狀形的突出部分，是它的商業中心精華所在地，高樓大廈都建築在山坡及山脊上。

當地的電車，他們叫纜車（cable car），具有歷史性的懷念價值，也是招攬觀光客的風光之一，從許多電視電影的鏡頭可以看到，甚至臺灣的禮品工廠也模仿它，製成精緻的模型玩具，賣到三藩市，賺觀光客的外匯。從南到北的道路皆高低不平，東西之間每一條街道幾乎都是四十五度以上的陡坡，新到該地的客人，坐在車上常常會擔心汽車拋錨，煞車不靈，如果往後倒退或向前俯衝，後果不堪設想。但該地的車輛已經安之若素，不曾見到他們發生任何困難，也許當地的駕

▲舊金山爬山的電纜車。

駛人技術好，或是車輛的性能有備而來。

舊金山還有一個特色，由於東西兩側的景觀和氣候不同，東側的房價要高於西側，尤其是中國僑民希望迎接日出，如「旭日東昇」表示運道好，若住西側就怕被人說：「夕陽無限好，只是近黃昏。」而且每天下午四點之後，海上的霧氣先沿西側上昇，漸漸遮掩到東側，消逝的時候是東側先退，西側後散。我這次掛單的甘桂穗家就在西側，因爲她信佛，所以不迷信，反倒可以欣賞傍晚的夕陽，在霧中別有風味；而且早上還可以品賞滿街的薄霧，對於每個行人、每部車輛、每棟房子，都有霧中看花、朦朧之美的享受。

一九、訪問美西的因緣

這次美西舊金山之行的因緣，是由於一年多前我收到一位素昧平生的日本系禪師的一封信，邀請我訪問他們的蘇諾瑪山禪中心（Sonoma Mountain Zen Center），結果我在半年之後才從堆積的函件中發現；於是抱著歉意給他回信，答應儘快前去拜訪。到今（一九九〇）年春天，舊金山的甘博士來紐約參加禪七，也代表該地幾個佛教團體，請我前往弘法。此外，今年一月中華佛學研究所在臺北舉行第一屆中華國際佛學會議，請到加州柏克萊大學的名佛學教授路易士・蘭卡斯特（Lewis Lancaster），他也談起他的研究所，以及該校東方圖書館的藏書和設備，希望我能做一次訪問。以上這些因緣就促成了我這一趟的行程。

東方佛教文化之所以傳到美國，先是由日本移民將淨土眞宗帶到夏威夷，然後由日本的禪師釋宗演，將禪宗帶到舊金山。至於中國法師們把佛教傳到美國的路線，幾乎也是這樣，不過比起日本大約遲了五十年。後來，佛教從美國西部跳過中部而到東部，美東之有日本系的佛教不過三十年，中國的法師到東部的紐約也不過二十多年。故以佛教的傳播和活動情況而言，西部早於東部也盛於東部。

因此，他們請我去弘法、演講，倒不如說是讓我去看看他們，提供給我更多寶貴的經驗，以便作為在美國其他地區傳播佛法的參考。

二〇、柏克萊大學

在研究佛教學的領域中，美國加州的柏克萊大學和史丹福大學是具有代表性的。他們出了很多人才，研究精神非常謹嚴，要求的標準相當高，能夠考取他們研究所不容易，完成學業更不容易。該校的學者都在美國佛教學界具有領導地位，比如英國的孔茲博士（Edward Conze），六十年代退休之後便到了該校，對美國的佛教學術影響良多。

加州柏克萊大學的學術風氣開明、自由而又嚴格，也就是說，研究的風氣很盛，思想的路線自由，要求的標準較高。我要去訪問加州柏克萊大學之時，收到路易士．蘭卡斯特的正式邀請函，他以該校東方語文系（Department of Oriental Languages）佛教研究組（The Group in Buddhist Studies）的名義，請我在十月二十二日下午四點到六點，於杜蘭大樓（Durant Hall），其實也就是東方語文系的圖書館大樓，對他們的研究生做一場演講，題目是「臺灣在家佛教的訓練」。目前除了他們的主任教授蘭卡斯特之外，教宗教和佛學的還有五位，所以實力相當強。我有一位日本立正大學的同學，也就是現任東京立正大學佛教學部部長三友健容

▲柏克萊大學校園。

博士，曾在該校擔任研究教授。我們臺灣的游祥洲博士去年也曾在該校做客座研究，聽蘭卡斯特教授講《大智度論》。該研究所每年只收三至六個研究生，這次我僅見到其中的七位，都在攻讀博士學位，該所也只有博士課程。現在把名單抄錄如下：

Jeff Seibet（石傑夫，美籍）
Sung-taek Cho（趙性潭，南韓）
Toshichika Sato（佐藤俊哉，日本）
Bruce Williams（魏立博，美籍）
Koh Nishiike（西池功，日本）
Anna Shtutina（以色列）
Eun-su Cho（趙恩秀，南韓）

七人中只有以色列籍的安娜沒有中文名字，其他都有漢字的姓名，可見他們都有很好的漢文基礎，這使我感到既羨慕又慚愧。其中來自東方韓國及日本的各佔兩位，美國本地只有兩位，而海峽兩岸的中國人竟然一個也沒有。據說他們故意不收，我相信不是，現在該校的校長就是中國人。我想原因是日韓兩國在國內已有佛教教育的基礎，唯有在國內讀完佛教大學及研究佛教的碩士學位，而且是優秀的青年，才會派遣出國。如佐藤俊哉是日本大正大學出身，出國以前已經是該校研究所的助教，而且是已在《印度學佛教學》年刊發表過論文。西池功是日本淨土眞宗的傳教師、龍谷大學的碩士。

當天我所講的題材是從明末講起，然後到楊仁山、歐陽竟無，以及對臺灣佛教曾有貢獻的李炳南、周宣德、楊白衣、張曼濤、曾普信和現在正在研究教學和弘法的幾位大德居士。我從信仰、學術、思想各方面的各種角度，作了比較深入的介紹，同時也對今日臺灣的居士團體和由出家僧團所領導的居士信仰及活動，特別是對社會教育以及慈濟事業的關懷和推動，也作了簡單的介紹。

他們問：「楊仁山是誰？」恰巧就在我們演講室的牆上掛著趙元任博士的照片，因爲趙博士曾在該校任教，而那個演講廳原來就是他的辦公室。我告訴他們，趙博士的太太楊步偉女士是楊仁山的孫女。大家聽了非常驚奇而歡喜。

可惜蘭卡斯特博士因爲必須在前一天趕去韓國出席一項會議，所以未能親自接待我，但他安排了他的學生石傑夫照顧，要他請我吃飯，並帶我參觀他們的圖書館。但是，當晚已有柏克萊禪中心（Berkeley Zen Center）邀我演講也請我晚餐。而他們圖書館的一位資深館員趙亞靜女士是佛教徒，也是甘小姐的表姊，目前代理該圖書館館長職務，所以在未見到石傑夫之前，已經由趙博士帶我們參觀

▲作者在柏克萊大學校門前留影。

了他們的圖書館。該圖書館現有有關東亞的圖書六十萬冊，珍本圖書也有十多萬冊，平時不對外開放，趙女士如數家珍，一一向我介紹，由於珍本書庫的空間不大，所以採用機械操作的活動書架，看起來滿屋都是書，要想一架一架地看，必須逐一發動電動機械，才能看到。空氣調節、防蟲、防塵、防潮等設備相當完善。我後來在二十五日那天又見到了趙女士，她來跟我學了一天的打坐，並且還爲我們的法鼓山建設捐了款。

從三藩市去柏克萊，要經過舊金山奧克蘭灣橋。去年舊金山大地震時，該橋曾經震塌了一段，造成二十多人傷亡。我們經過該橋時，甘小姐特別指給我看，修復的痕跡猶在。過橋之後，一路上的兩旁都可看到參天的巨木，直到加州柏克萊校園還可見到這種景觀。我以爲是白楊，其實是尤加利，大的直徑有五、六公尺，高的高過七層樓以上，因爲該地沒有颱風，所以不像臺灣的尤加利還沒有長高就被颱風吹斷。我在香港大嶼山看到遍地相思樹，在北加州則到處是尤加利，這給我留下非常深刻的印象。同樣是亞熱帶地區，因爲有風或無風，所以樹木不相同，景色也各異。

柏克萊大學位在一個緩坡上，校門並不寬敞，用青銅雕塑而成，有點像中國式的三洞型的大門，中間是正門，兩旁是偏門。由於校區範圍不大，學生人數太多，所以除腳踏車之外，任何交通工具不准入內。該校的標幟是一座白色尖頂的鐘塔，聳立在進門之後的正前方，那也是該校的中心位置，看來氣勢非凡。許多人認為能夠到該校訪問一趟也是光榮的，何況在裡邊教學做研究的師生呢！可是近年來由於美國青年不想讀書，該校好的科系充斥著來自東方的留學生，所以產生過教授故意歧視和排斥東方學生的風潮。很微妙的，該校現任校長又是中國人，大概是為了緩和對立的氣氛吧！

柏克萊大學另外還有一個佛教研究所（The Institute of Buddhist Studies）成立於一九四九年，贊助者是理論研究組織（The Graduate Theological Union），其實它是一個包括猶太教和基督教的機構，但也研究佛學，主要的研究對象是日本的淨土眞宗。他們在一九八七年的八月十日到十五日之間，舉行了一個佛教與基督教的對談會，以「佛教與基督教對未來人類的展望」（Buddhism & Christianity: Toward the Human Future）為主題，因此而知名於世界宗教學術界。他們還出版一份雜誌，名稱是《太平洋世界》（*Pacific World*），副題是「佛教研究所季刊」，策畫團體中包括有日本、美國、多明尼加等國的學者和宗教領袖。

但是，話說回來，像這樣的學校，它的學風並不穩定，比如目前在佛學方面的專家已漸漸減少，除了蘭卡斯特是世界級的學者之外，其他的都不是非常聞名，而且蘭卡斯特的外務太多，會議太多，整年在國外或開會的時間，要比在學校授課和指導學生的時間為多。特別是現在正進行世界各種版本的藏經輸入電腦的計畫，需要贊助的人和錢，必須奔走呼籲。這種精神非常可佩，這項工程完成之時，當可以名垂千古了。

二一、東亞圖書館

我參觀了東亞圖書館之後，得到一份簡介，其收藏之豐富令人吃驚，現把內容介紹如下。柏克萊大學東亞圖書館是西方有關東亞語文的藏書和資料最豐富的圖書館之一。一九四七年的藏書約七萬五千冊，到一九九〇年增加到六十萬冊，其中包括中文書十八萬冊，日文書十七萬五千冊，韓文書三萬冊，其他的語文有滿文、蒙古文和西藏文。該館每年增添約一萬兩千冊的新書，收藏的範圍包括東亞藝術、建築、語言、文學、語言學、哲學、宗教、歷史、政治、經濟、社會、民族學、民族性和風俗，以及其他人文和社會科學，自然科學及科技則佔少數。

東亞圖書館的前身是一八九六年存放約翰・傅萊爾（John Fryer）的藏書的中文圖書館，後來遺贈給柏克萊大學。其他的來源分別是一九一六年來自江亢虎（Kiang Kang-hu）圖書館的藏書，一九二〇年代威廉斯（E. T. Williams）的藏書，賀瑞斯・卡本提爾基金會（Horace G. Carpentier Endowment）的成立，再加上大學本身的購書經費，充實了該館。一九四七年，東亞圖書館成爲大學總圖書館的分館。其後經由校長和董事會的捐贈，到一九五二年時已有二十二萬冊藏書，在美國名列前茅。該館在人文和社會科學方面的收藏非常廣泛而且新，資料包括參考書、原始文件、地方報紙、傳記、政府出版品、名家的全套著作、文學及藝術評論、個人論文、研究檔案、絕版書、統計、人口調查及期刊。從這些藏書可以瞭解從古代到現在的東亞以及它和世界其他各地的關係。

該館也有一些特殊的藏書，比如佛教經典的賀蔣（Ho-Chiang）收藏，內容包括佛教在中國、日本及韓國的歷史，還有以金銀書寫的中古世紀的原稿。阿薩密圖書館有四千冊韓國的古典印刷品。蒙古及滿族的收藏中，有一種極罕見的滿族作品，叫*Tai Sang-ni Acabume Karulara Bithe*（西元一六七三年）。村上圖書館有八千八百五十冊藏書，收有明治王朝的作品（西元一八六八—一九一二年），很多是第一版，即使在日本也見不到。西藏文的包括一九四九年以前在西藏所印的木版印刷品，其中有長達十世紀的寧瑪巴派的《怛特羅全集》，還有十八世紀時佛教聖典甘珠爾的那松版。

三井圖書館約有十萬冊藏書，其中有中國的搨印，在西方世界佔第二位。其他有二千五百冊早期日本的木版印刷地圖和七千冊日文原稿。還有土井學研（Doi Gakken）的收藏，是一八六八年以來日本作家所寫的中文詩和散文。宗辰（Soshin）和本居（Motoori）的收藏包括有德川和明治時代早期的木版印刷，還有二次世界大戰之前一百年間基本（Kihon）的出版物。珍版圖書重要的包括一六四四年以前的中國圖書和一六六〇年以前的日本圖書。該館所擁有的最早的中文木版印刷是西元九七五年的小型的咒卷，是一九二四年從雷峯塔的廢墟中挖掘出來的。如果不把西元前兩千年的甲骨文算在內，它所收藏的唐朝手抄本算是最古老的了。最早的日本木版印刷品是印於稱德女皇時代（西元七六四—七七〇年）的〈百萬堂陀羅尼〉（Hyakumanto Dhāraṇi）。

該館目前有三千八百六十六種期刊，四千七百四十七種報紙，一千五百九十七卷縮影膠片。自一九五〇年代開始，日本國際戴亞特圖書館定期將日本政府出版的印刷品捐給柏克萊東亞圖書館和美國國會圖書館。

我們知道，要辦好一個學校，不僅需要硬體的建築物，還需要設備。唯有設備完善而且有特色，才會吸引和邀聘到第一流的學者來滿足他們的研究和貢獻所學。特別是中國的學者，對於所謂東方文化，不該僅僅侷限於中國的範圍，不論是研究儒家、道家或佛家，應包括漢文以外如韓國、日本、西藏、蒙古、滿族等的研究成果在內。否則不要說是世界的眼光，連東方文化圈的整體觀念也不具備。

如果談到佛教的話，應該還要包括西南亞和東南亞，如印度、錫蘭、緬甸、泰國等的文獻圖書在內。將來法鼓山的圖書館希望朝這個方向努力，而且不只限於亞洲的，還要注意蒐集歐美佛教學者的研究翻譯的成果。所以，做為一個佛教學者，不一定需要懂得那麼多語文，但多懂幾種語文，就多幾隻觸角，也多幾副眼睛，所見所知會比較廣大。可惜我已經老了，如果再年輕三十歲，眞希望多學幾種佛教語文。

二二、史丹福大學

史丹福大學和加州柏克萊大學在佛學研究方面可稱爲美西雙璧，也出了相當多的人才，比如現在密西根州立大學佛教文化研究所的主任教授路易士．葛梅茲（Luis Gomez）原來也在該校任教。今（一九九〇）年春天我在華盛頓大學遇到的畢也達．格蘭（Beata Grant）博士就是由史丹福大學培養出來的。現在正在該校教佛學的有三位，即卡爾．畢勒菲（Carl Bielefeldt），亞倫．史龐柏（Alan Sponberg），羅素．科克蘭（J. Russell Kirkland）。他們的實力都很強，可惜都是專攻日本的禪和中國的禪，缺少印度、西藏的專家，所以雖然有力量，但也有偏頗，對於原典佛教語文的研究能力相對地減弱。

我本來只想順便到史丹福大學做參觀訪問，沒有準備演講及計畫要見什麼人，所以也未請甘小姐代我聯絡該校的佛教學者；但有一位現在舊金山總醫院（San Francisco General Hospital）服務的心理醫師楊泳漢居士代爲聯絡該校的東亞研究中心（Center for East Asian Studies, Stanford University），結果僅和他們的祕書接上頭。他們當然對我無所認識，見到資料後，接受楊醫師的建議，邀請我去

▲在史丹福大學演講的情形。

做一次演講。因爲那位祕書本身是研究明末到中國傳教的義大利神父，所以對我研究的範圍有一點興趣。可是他的事情太多，竟然把我去演講的事給忘了，沒有作比較好的安排。當我於十月二十四日下午兩點到四點多講出之時，僅有四人，而那位祕書泰德・福斯（Ted Foss）因爲另外還有一個會議，所以無法聽講，只好請另外一位研究宋明理學的教授菲利浦・艾凡荷（Philip J.Ivanhoe）代他主持。這是我到美國三十多所大學演講的經歷中，聽眾人數最少的一次，而且不是內行；至於該校那三位研究佛教的學者，因爲沒有事先聯絡，所以不曾見到。

非常湊巧，我們在演講室的那座大

樓，利德菲德中心（Littlefield Center）進門處，遇到一位中國女士，一見我就以雙手合掌說：「聖嚴法師，您好。」她把我們帶到福斯的辦公室，並且告訴我們，如果要參觀圖書館，她就在那裡工作，演講之後可以找她。這位女士叫張富美，是該校圖書館的資深館員，她還告訴我說，她之所以知道我的名字，是因爲她先生的堂弟就是爲我們臺灣法鼓山負責設計的建築師陳柏森，而且上個月陳建築師夫婦來美時就是住在她家裡。她對我非常客氣，可是她也相當忙，以不出二十分鐘的時間，帶領我這不速之客參觀了她圖書館中的一般藏書，頗使我有點意猶未盡之感。她說雖然很想聽我演講，但是沒有時間，我相信在美國工作的中國人，都是那麼盡職盡分，所以她的忙碌是可以理解的。

我在柏克萊大學及史丹福大學發現一個事實，那兩家圖書館都沒有我們中華佛學研究所出版的《中華佛學學報》，可見我們所裡的資訊嗅覺不夠靈敏。因此，我回到紐約之後，立即向正在羅格斯大學（Rutgers University）宗教系任教的于君方教授尋求協助，找到一份最新的東亞圖書館的名錄 *CEAL*（*Council on East Asian Libraries*），以後要好好地補救我們的缺失。

當天我在史丹福大學對四位該校師生所做的演講題目是「禪修的理論和方法」。在理論方面有經典的依據及思想的依據，在思想方面有來自印度的和受中國道家和儒家思想影響的。方法則講到六祖惠能以前的、六祖惠能以後的，以及宋朝以下的禪宗。雖然主題相當枯燥，而且比較富於學術氣氛，但這四位還是聽得津津有味。那位艾凡荷教授對《壇經》也不陌生，所以向我提出幾個問題。

史丹福大學實在大，校園面積有八千英畝，現有學生一萬三千人。他們特別重視研究所的教育，所以研究生佔學生中相當高的比例。我們進入校園後，幾乎迷失了方向，後來得到一張校園的地圖才找到該校圖書館及中心位置。該校的標幟建築物是聳立在校園中央的白色圓頂尖塔，在校外數里便可遙遙見到。而該校最古老的

▲古老而精美的史丹福大學教堂及其大門。

建築是一座教堂，教堂前方的左右各有兩排廂房，牆壁和迴廊都用米黃色的石頭雕砌而成，有點像英國的古典建築。教堂正門的山壁上繪有《聖經》故事，除了彩色玻璃窗及《聖經》故事之外，牆上這片壁畫是這座建築的特色。教堂所有的門窗都是圓拱形，從正門向外看，一條筆直的通道好像永遠沒有盡頭，可見校園之大和景色之美。

二三、柏克萊禪中心

這個叫作「柏克萊禪中心」（Berkeley Zen Center）的禪修道場距柏克萊大學的校區，車程只有五分鐘，是由日本籍的禪師鈴木俊隆在一九六七年所創，由魏茲曼（Sojun Mel Weitsman）協助成立，它所依據的是曹洞宗的教法。一九七九年遷到現址，現由魏茲曼老師指導，經費來源由會員捐獻。會員包括社會各階層和各種年齡的社會人士。有一小部分會員常住該中心，但大多數住在外面，打坐是他們每日修行的重點。鈴木老師的字號爲祥岳，該禪中心爲了紀念他，故又稱祥岳禪寺。

我發現日本的禪師及西藏的喇嘛，多半會選擇大學城開設中心，以學校師生爲其吸收對象。在英國的劍橋，美國的密西根大學、愛荷華大學、明尼蘇達大學，都曾發現這種事實，而中國的法師們，則多半以華僑聚居地爲設立佛堂和建立寺院之處，這是值得檢討或改善的。

十月二十二日下午六點，從柏克萊大學到柏克萊禪中心接受晚宴招待，由該中心的住持魏茲曼老師接待，他是一位猶太裔的美國人。他們希望我能以唐朝之

▲作者在柏克萊禪中心講「我的修行經驗」，左為住持魏茲曼老師。

▲柏克萊禪中心的禪者們靜聽作者的開示。

後的禪宗修行方法爲主題，做兩個小時的演講。我告訴他們，日本的禪雖然從中國傳去共有四十二家之多，但多屬於宋、元、明三朝的中國禪，那些當然是唐朝之後的禪了，而日本禪的主流傳到今天爲止，不管是曹洞宗也好，或是臨濟宗也好，改變都不是很大。要我講唐朝以後的禪，都是他們所知道的。不過我還是把禪的修行分成機鋒、話頭、默照，以及念佛禪等類，從單純的禪到後期禪淨雙修的禪風和禪法，作了歷史性禪修方法的介紹。因爲他們這個禪堂是屬於日本曹洞宗系，所以我將中國的曹洞宗，從默照到念佛的修行方法介紹得比較詳細，他們都聽得津津有味，皆大歡喜。這位魏茲曼禪師同時也是三藩市禪中心的住持，遂邀請我在二十四日晚上到那兒另做一次演講，並指定我跟他們講洞山良价禪師的〈寶鏡三昧歌〉，因爲他知道我曾經翻譯過那篇〈寶鏡三昧歌〉。

　　我之所以跟這個團體結緣，是因爲從兩年前開始，該中心有一位成員——朗．內斯特（Ron Nestor），先後到紐約東初禪寺參加過四次禪七。他聽說我要去舊金山，特別來函邀請，希望聽聽我個人的禪修經驗，結果我對他們六十多位會員，不但簡單地介紹我自己，也把我所知道的中國禪作了簡介。

二四、綠谷農場禪中心

我們在柏克萊禪中心晚餐時，魏茲曼老師告訴我，他們共有四個禪中心，屬於同一個團體，都是鈴木俊隆禪師創立的。本部位在三藩市，也就是舊金山的市區；另外還有兩個農場禪中心，一個位於洛杉磯附近的一座山谷（Carmel Valley），叫作塔薩哈拉禪中心（Tassajara Zen Mountain Center），另一個位於金門灣以北的一座山上，叫綠谷農場禪中心（Green Gulch Farm Zen Center）。我雖然沒有辦法安排行程去訪問那兩所禪中心，但他知道我二十三日晚上是到蘇諾瑪山禪中心演講，所以建議我在路上經過綠谷農場禪中心時彎一下。

二十三日下午，我們提前從舊金山出發，經過二十五哩就到那座隱在山谷中的農場。那裡邊除了住屋活動修行活動的區域，尚有十五英畝大的農地，專門種植蔬菜。工作人員分三組，分別是木工、廚房和農耕。配合季節選擇種子，自製堆肥，連接灌溉的水管和耕作的技巧，以及從溫室育苗以至地上的培栽，都有相當的訓練和專門的知識。他們製造堆肥的過程非常合乎科學，既不生蟲也不發臭，所謂堆肥是用蔬菜的根、葉、皮，以及從海中、山上，撈到、採到的草葉，

▲好大一片菜圃，直通山谷口。

再加上化學的處理過程，分段處理，到最後階段的堆肥是乾燥的，跟在一般市場所買的肥料相同，既不用無機肥料也不用殺蟲的農藥。所以從他們農場栽培出來的蔬菜，送到健康食品銷售站，價格比一般市場要好，而且供不應求。三藩市已經有兩年多沒有下雨，他們還能從很遠的地方接通水源來灌溉蔬菜，令人佩服。

該中心常住有三十多人，有十位是在家傳教師，也就是專業的負責人，其他都是來自各方作短期修行的禪修者。甚至有人帶著眷屬，全家在該地安居樂業。他們規定，如果有錢付費用，就不需要下田工作，下田工作就不需要付費用。事實上只有去住一兩天的，或度週末，或參加精進禪期的才會繳費，長期的住眾不繳費，還有零用錢可拿，他們也就是農場裡的成員。

該中心眞像一個世外桃源，住眾每天有固定的禪坐時間和上課時間，白天也固定到田裡工作。山谷裡除了農場，還有農舍，其實就是禪堂和宿舍，還有一個非常講究的餐廳和廚房。宿舍只有十二個客房，單人房每人每夜五十美元，雙人房六十美元，比起一般城市旅社要公道，所以常有人到此做週末度假或休閒旅行的。山谷的頂巔還有一處關房，當時有一位女士已在那裡閉關三個月。其實她並沒有被鎖起來，可以出門，但平常都在上面專心禪修，不與外界接觸。據他們說，塔薩哈拉禪中心比這裡的規模還大，也是用這種方式來經營，而且那兒有相當優美的溫泉區，所以既是修行的好環境，也是度假的好去處。這兩個農耕禪修道場，每年各有四次禪期，我們去訪問綠谷的那一天，那兒正逢禪期。他們本想安排我對禪眾做一次開示，當我們到達以後，那裡的負責人諾曼．費雪（Norman Fischer）一見我就問：「你是來演講的嗎？」他似乎很覺意外，我並未答應要演講，人卻來了。由於沒有預先通報和安排，所以他們沒有接待，讓我們自由地在辦公室談了幾句話，然後到農場做了三分鐘的參觀。在戶外我們只看到五、六個兒童在玩，三個人在工作，我想其他的人都在禪堂用功吧！所以我們靜悄悄地進去，又靜悄悄地離開。

前面說過，這個團體是由鈴木俊隆禪師開創，但他在一九七一年就過世了，迄今已有十九個年頭。他留下的一小冊遺作*Zen Mind, Beginner's Mind*《禪心初心》是相當有名。他的弟子很多，其中最出眾的一位叫理察．貝客（Richard Baker）極為活躍，既勤於對內的事，也善於找錢的事，這個團體的房地產及生產部門，幾乎都是由他經手陸續完成。可惜在鈴木俊隆過世後，他繼承老師職務，未及十年，便因女人及金錢糾紛而被他們的團體解職。佛說：「女人很可怕，金錢如毒蛇。」對僧侶而言，仍是極有用的教誡，不論真假，都

▲各類蔬菜在種植之先，必須在溫室育苗。

當警惕。

他們經營方法也非常實際，在美國這種環境，如不自給自足、自力更生，要靠募捐和信徒的供養來維持道場及修行者的生活，是很難做到的事。他們經營農場，種植蔬菜和接受遊客借宿，比起百丈時代的農耕方式又進了一步。但他們為避免因觀光旅遊而帶來困擾，所以房間不多，而且前去的人是為了靜養和禪修的目的，這能使道場保持寧靜、清幽和修道的氣氛。在三藩市的禪中心則以麵包店和食品加工等經營方式來賺取維持費和生活費。相信佛教走上這樣的路是非常值得鼓勵的，而且也是值得大家學習的。

二五、蘇諾瑪山禪中心

十月二十三日下午離開綠谷農場禪中心，驅車往北，直達蘇諾瑪山禪中心，費時一個半小時。

這裡的主人也是鈴木俊隆的弟子，本姓陳，在戶籍上被誤寫成「關」，中國人又以爲他姓鄺。他是第三代的華僑，不會講中國話，法號叫寂照，一般人通常叫他關老師，全名是Jakusho Kwong Roshi，也就是關寂照老師。他於一九三五年生於北加州的另一個城市聖塔羅莎（Santa Rosa），距離他日後所創的禪中心只有十一哩。他於一九五九年親近鈴木禪師，在三藩市禪中心認識了現在的太太蘿拉（Laura），育有三個孩子，大的二十六歲，小的也有二十一歲。他在一九七〇年成爲日本式的禪僧，一九七三年開始帶領或教授學生禪修。由於鈴木老師的去世，他在一九七四年創立了現在的禪中心，而且跟三藩市禪中心脫離從屬的關係，雖然他跟三藩市禪中心的成員們還是很好的朋友，但在行政上已經獨立。禪中心所佔面積約八十英畝，位於叢山之間的丘陵地帶，他們的團體包括經常住在該中心的單身人士和家庭，附近城鎮也有許多人加入他們的禪修。課程包括爲期一年的

▲作者訪問蘇諾瑪山禪中心。
◀在蘇諾瑪山禪中心，作者與關寂照老師夫婦合影。

禪修訓練、短期修行以及閉關。另外還有各種禪修課程、打坐教學、講經、誦經、團體勞動、一日禪坐、四到七天的禪期，以及爲期一個月的禪修，來滿足各種不同的需求，他們特別強調每日打坐的重要性。

當晚我們於約定的六點鐘準時到達，由關老師帶領去向他老師鈴木俊隆的紀念塔澆水致敬，那座所謂紀念塔，實際上是用一塊長條形的花崗石，堆成一個立體的紀念物。然後又去參觀另外一個用當地的名產紅杉，剛剛修建完成的紀念塔，那是爲了紀念他老師的朋友掘隆巴（Ven. Chögyam Trungpa），是一九八七年過世的一位西藏白教的喇嘛，曾經在科羅拉多州丹佛市成立那諾

▲蘇諾瑪山禪中心的掘隆巴（Trungpa）紀念塔。

巴（Naropa）西藏佛教中心。我問關老師是否也學西藏的密教，他說沒有，只是對其老師的摯友表示一種懷念。因爲該喇嘛也對他這地方很關心，而且他認爲佛教應該是一家，雖然修行的方法可以不同，信仰和目標是一致的。這種觀念我相信是未來佛教徒所必須具備的條件之一。

關老師雖是華裔美國人，對中國文化和中國佛教沒有接觸過，純粹是日本系統的禪僧，卻會主動邀請一個從不相識的中國法師去訪問，就是這種胸懷的表現。

當晚，他特地從附近的聖塔羅莎鎮上請到一位在大學裡教烹飪的中國老師霍梁秀芳女士，煮了三桌廣東式的中餐素席。她花了很多時間和頭腦，也的確做得非常可口，雖然我只能看不能吃，但每一道菜上桌時我都說：「啊！這道菜眞好！」在席終之前，霍太太從廚房裡出來向我合掌，用廣東話問我：「好吃嗎？滿意嗎？」關老師說：「他對妳每道菜都稱讚不已。」她是向關老師學禪的，見了我的名字甚覺驚奇：「啊！你就是聖嚴法師啊！我看過你的書！只聽說有一位中國的法師要來，想不到就是你！」她非常興奮，後來要了我紐約的電話、地址及在三藩市住所的電話。十月二十九日，我便在猶卡雅（Ukiah）爲她一人舉行了簡單的皈依儀式。

晚上演講的題目是「中國禪師與禪堂」，這也是他們指定的，我對三十多位當地的禪眾，介紹中國禪堂的規矩、模式、冬期或夏期的禪修以及我如何修行、如何教人。因爲時代和環境的變遷，我本人既沒有用日本式的，也沒有用中國傳統式的。

講完之後，我對關老師表示，第二天晚上我將到三藩市禪中心演講，但我到西部的目的主要是拜訪他和他的禪中心，其他的地方則可去亦可不去，其他的道場則可以講可以不講，這是我的實在話，他聽了很高興，笑得非常爽朗。

二六、三藩市禪中心

十月二十四日下午離開史丹福大學，回到城中佩吉街（Page St.）三百號的三藩市禪中心，又叫初心寺（Beginner's Mind Temple），這就是鈴木俊隆祥岳禪師所創的根本道場。該中心主要教的是日本道元禪師的默照禪，提倡的是只管打坐；每逢週六上午教打坐，星期日閉門共修。我們抵達時天色已經昏黑，有十多位華僑信徒在門口等我一同進入。當天還是由在柏克萊禪中心招待我的魏茲曼老師接待，並由他們的行政事務負責人保羅．哈勒（Paul Haller）負責照顧，帶我們進入餐廳，以自助餐的方式吃生菜、紅菜頭、洋山芋、糙米飯。三十多人分桌用餐，都能夠鴉雀無聲，很有禪寺的氣氛。我第一次吃到那種紫紅色的甜菜頭，所以多吃了幾塊。為我做翻譯的保羅．甘迺迪（Paul Kennedy）又給我添了些糙米飯，也是非常香甜。當晚我的食欲似乎特別好，是修行人栽培的蔬菜，又是修行人烹調的食物，吃起來非常爽口宜人；他們的菜就是由綠谷農場禪中心供應的。

飯後我問魏茲曼，吃了他們一餐不能不講幾句話，晚上究竟要我怎麼講呢？他還是堅持前天預約的〈寶鏡三昧歌〉，我說如果這樣，今天我就走不了了，明天

▲作者訪問三藩市禪中心用晚餐情景。

也需要留下來，結果他會意地笑著說：「那就講其中的四句話吧！『如臨寶鏡，形影相覩，汝不是渠，渠正是汝。』」

他眞會出題目，因爲這四句話就是洞山禪師開悟的境界，也是〈寶鏡三昧歌〉的中心主題所在。原來，對日本的曹洞宗而言，洞山良价的〈寶鏡三昧歌〉和石頭希遷的〈參同契〉，幾乎是他們每日必讀的功課，所以被譯成英文，他們既用日語的發音來讀，也用英文的意譯來讀，因此他要看看我對這四句話的看法如何。我對他說：「你是要考我了！不管怎麼樣，因爲它很難懂，很少人懂，所以講錯了沒關係。」我把這四句話的內容分作三個層次，對他們一百多位聽眾講了兩個小時。第一個層次是普通人的立場，內在的自我和外在的環境是對立的，也就是形不是影，影不是形。第二個層次是已經修行得力的人，他們把內在的自我和外在的環境看成虛無的、不存在的、空的。第三個層次是修行完成而悟境現前的人，所見的內在自我和外在環境既是對立的也是統一的；如果不是相對就會變成在日常生活中是非不明、黑白顛倒、善惡混淆；如果不是統一，就沒有同體的慈悲和無私的智慧。所以我說這最後兩句話是屬於第三個層次。他們聽了非常高興。講完之後他們提了許多問題，其實我已經非常疲倦，也不知道是怎麼回答了他們。

他們這個組織的三個禪中心，共有兩位老師，除了魏茲曼之外，還有一位安德索天心（Tenshin Reb Anderson），他正在綠谷農場主持禪七，所以沒有見到。他們兩位平常也很少碰面，通常是在不同的日程主持不同的修行活動，而他們兩位也都是猶太裔的美國人。可以說，鈴木俊隆禪法的第二代，正在美國本土社會立腳。

二七、三藩市總醫院

十月二十五日上午十一時我們啟程，駕車由舊金山的西側，翻過山嶺至東側的三藩市總醫院（San Francisco General Hospital），該地風景非常優美，東側面臨澄綠的金山海灣，西側遙望常在雲霧飄渺中的山城，庭院空曠幽靜，雖然已入秋季，滿眼依舊一片翠綠。眞是一個靜養的好去處。

這是由在該院精神科服務的楊泳漢醫師的安排，故也由他擔任英語翻譯，以「佛教與心理健康」爲題，做了六十分鐘的演講。內容分作五項：

（一）佛法治病

（二）苦的原因有四：

1.從無始的無明產生

2.從自然的環境中來

3.從社會的人際關係來

4.從內心的自我矛盾來

（三）煩惱有六大類：

▲從總醫院正門向西遙望舊金山全市的霧氣漸漸向西邊退去。

1. 貪欲
2. 憤怒
3. 愚癡
4. 傲慢
5. 懷疑
6. 錯誤的思想觀念

（四）心理不平衡的原因有五項：

1. 不自量力的追求和抗拒
2. 永不滿足地伸展和征服
3. 傲慢
4. 怨尤
5. 疑懼

（五）如何平衡心理

（六）禪佛教的心病療法：

1. 用因果、因緣、慈悲的觀念
2. 修行的方法，我介紹了念佛、

禮拜、持咒、靜坐等四種

這篇演講，已由楊泳漢醫師整理成稿，更名為「禪——心理健康」。

當時的聽眾一百多人都是醫院的醫生、護士、行政人員，大家都鴉雀無聲，聚精會神。聽完演講之後，他們提出若干問題，其中有四位表示願意接受佛教的信仰，成為三寶弟子；所以在十月二十八日，他們到了大覺蓮社，參加皈依三寶的儀式。我們肯定：佛法實在太好，可以使有病的人醫病，使健康的人更健康。所以這場演講讓他們發現，用佛法來治療現代人的心理病和精神病的效果，可能要比用醫學更直接、更徹底。至少這也是正待實驗和開發的一門醫療方式。可惜弘揚佛法的人太少，所以這場演講的聽眾之中絕大部分的人士，尚是第一次接觸到佛法。

▶作者在三藩市總醫院演講時，楊泳漢醫師擔任翻譯。

▲在三藩市總醫院聽演講的聽衆們。

二八、大覺蓮社

三年多前，有兩位女居士洪太太和趙太太，從三藩市到紐約參加東初禪寺的禪七，就代表大覺蓮社的主人葉敏小姐，邀請我去該社做一次弘法的旅行。由於我的日程、時間太緊湊，所以推說等待因緣成熟，我一定會去。這也是這次到三藩市訪問的遠因之一，而且這一次有幾場弘法活動，就是葉小姐和她的胞兄葉克強居士共同策畫和安排的。

葉敏居士原是一位護士，終身未婚，提早退休後即以全力學佛，並提供場地成立蓮社，使得有心學佛的人士，有個共修的道場。

當晚，七點到九點，在該社的大殿爲一百五十人演講「如何在日常生活中修行佛法」，一共分作四點：

（一）何謂佛法
（二）修行佛法三綱領——戒、定、慧
（三）何謂日常生活
（四）在家居士如何學佛

▲熱心的居士（左起：劉藍溪、葉敏、楊克美、葉克強）在舊金山飛機場送行。

我特別著重第二點的介紹，而且強調菩提心的重要。戒定慧的重點不在自求功德和自我解脫，而在普使眾生離苦得樂，促成人與人之間的和諧、和平、安樂。那場演講由楊泳漢醫生譯成粵語，聽眾雖然多半來自臺灣，但是有少數出生於本地或由香港移民來美，我的原則是縱然只有一個人需要翻譯，如果我辦得到的話，也應該滿其所願。這篇講稿已由女作家華嚴的千金葉文可女士整理成稿。因爲我的演講方式多半依據經教，同時參考現實生活的例子，所以使得聽眾感到受用。

二九、矽谷

矽谷是由於美國電腦工業在那兒開展發達而名聞遐邇，特別在華文的新聞媒體中，常看到有關矽谷的報導。今日臺灣的新竹工業區，據說就是矽谷的套版。由於電腦的磁碟原料，是一種叫作「矽」的礦產，而那一帶是一個非常寬廣的峽谷平原，雖名峽谷，卻沒有見到河流，叫矽谷（Silicon Valley）是以地形而得名。另一個華僑聚居區叫聖荷西（San Jose）也在那附近。

我是在演講完畢快要離開時，才知道那個地方就是常在新聞媒體見到的矽谷，正式的地名叫南灣（South Bay）。而邀請我去演講的團體叫菩提學會，演講有兩個場所，十月二十七日上午十點到十二點，借用臺灣僑委會所屬的南灣華僑文教中心，第二個場所是菩提學會的負責人陳志雄和江美玲夫婦的府上。據說南灣華僑文教中心一向拒絕宗教團體借用做宗教活動，雖然負責人李本軒本身是基督徒，這次還是在約法三章，不做宗教儀式的限制之下，借給菩提學會，讓我做了兩個小時的演講。當日所講的題目是「佛教的基本大意」，一共分爲四點：

（一）佛教的歷史及其現勢

（二）佛教及其基本教義
（三）佛教的特色
（四）佛教與非佛教的區別

我把發源於印度的佛教，傳播到亞洲地區，然後又向歐美及全世界弘揚開來的步驟和路線作了簡單的介紹，然後又把三寶及四聖諦的基本原則和教義作了扼要的介紹。至於佛教的特色則分成三條，那是涵容而有層次，正信而非迷信，神聖而非神祕。然後講到佛教與附佛法外道的不同之處。因爲今天的臺灣和海外華僑社會的佛教徒們，多半惑於附佛法外道的種種神祕奇詭、近利暴利、靈驗幻相等的花招，反而把正統而純粹的佛教誣爲落伍、僵化、無用的迷信。因此我向他們說明：

（一）佛教是理性的無神論。
（二）凡是涉及神鬼異能奇術的迷信，都不是純粹的佛教。
（三）佛教是以端正人心，淨化社會爲目的，不是以神化及俗化來惑世迷人。

所謂端正與淨化，就是以三皈五戒來端正人的身與口的行爲，以習禪定淨化心理的行爲，以聽聞佛法淨化思想的行爲。所謂神化是迷信鬼神，祈求鬼神，最高的也不外達到神我合一的目的，那都不出乎自私自利自我中心的信仰。所謂俗化是求財富、美眷、官運等的不勞而獲，或是爲了命運病難而求神問卜，乃至爲了祈求神鬼的保佑賜福而殺生祭祀。因爲我準備的資料相當豐富，講完第三點已超過預定結束的時間十分鐘，第四條只有改換場地，下午到陳會長夫婦的家，再做另一場的補充演講。那篇講稿已由鄭素珠整理成文章。

三〇、學者與我

矽谷是一個科學工業園區，在那兒滿街的行人，當中可能有三分之一都是擁有博士頭銜。所以菩提學會的成員，都是華僑界的菁英知識分子和高級技術人員，具有博士頭銜的就有幾十位。當我講完之後，文化中心的負責人特別從他的辦公室出來見我，向我致意。據菩提學會的經驗說，這是破天荒的第一次，佛教的活動能受到他的重視和欣賞。原來他利用擴音器在辦公室中很用心地聽完我的全場演講。這次是我在三藩市期間唯一沒有用其他語文翻譯的演講，我雖然很累，但是對著兩百多位科學家及他們的眷屬，已經忘了疲勞。當天還在那邊見到在國內非常有名的小提琴家鄧昌國和他日籍的夫人鋼琴家藤田梓女士，他們在會後也特別到臺前向我致意。當我回到紐約之後，還收到鄧教授的一封信：「久慕法師學養，無緣當面請益。退休來美閒暇購讀東初出版社法師各類大作，獲益匪淺，深感自鈴木大拙之後，西來傳法除法師之外似無第二人。本年十月能親聆法師傳道，敬佩何如；惜身體欠安，俗務阻撓，致菩提學會未能參加，至感遺憾。」他在信中還附了兩篇剪報，是他自己的散文，文中都介紹了佛教。他們夫婦兩位是虔誠的佛教徒，鄧昌國於一九九〇年九月爲《心經》完成了一份曲譜，寄給我參考。從他的文章知道，他不認爲那些神怪無稽的宗教現象能夠對人類有多大幫助。我相信只要是一個眞正的讀書人，一個正信的佛教徒，都會具備這樣的認識。

雖然他信中說到我是鈴木之後第一人，我當然願意朝著這個目標努力，但在客觀的條件上可能不易辦到。到明年或後年爲止，我可能有十種到十二種英文著作在美國及英國出版；迄今已出版的有六種，正在準備出版當中的有三種。我到今（一九九〇）年十二月爲止，已在美國的三十二所大學做了八十五次演講，其中演講次數最多的，正是鈴木大拙最初在美國演講的哥倫比亞大學，共計十六次，所講的主題及內容也都是圍繞著禪的理論和禪修的方法。可是時代不同，環境也不一樣。當年的美國社會富裕安定，所以青年知識分子都追求精神的開發和探討，從西方的物質文明之中另闢蹊徑，追求東方的禪的精神境界。所以當鈴木的著作風行之後，不僅各大學乃至各高中都開設禪學和坐禪的課程。如今情況大不相同，經濟蕭條，社會不安，年輕人又去追求物質的條件，作爲生活的保障，這就是美國人求現實的特徵。因此縱然我也有鈴木之才，但已失去了鈴木的時機。何況我也沒有像鈴木大拙那樣有一位太太，她是日裔美人，英文相當好，在語文上幫了鈴木極大的忙。尤其我的英文程度僅夠平常會話對談，演講需要翻譯，寫作不能執筆，仰賴我的弟子們的翻譯和編寫，已經隔了一手，彼此做來都很費時費力。我沒有想到要跟誰比，只是盡一己之力，對能夠讀懂英語的世界人士，提供一份棉薄之力。特別是當年的鈴木大拙，以禪史禪理的介紹爲主，我則以介紹發揮禪修的方法爲主，故也有所不同。

當天我也遇到一位老朋友，那是原在政治大學邊政學系任教的蒙古籍札奇斯欽教授。他曾爲我們的《華岡佛學學報》第五期寫過一篇論文〈佛教在蒙古〉。十年前我在哥倫比亞大學的國際佛學會議上遇到他時，曾勸他說：「你既然是蒙古的同胞，應該是佛教徒，要把佛教的信仰作爲生活的實踐。」這對他的影響很大。這次在南灣演講的會場裡又見到他，原來他攜同夫人從猶他州的居住地，來到聖荷西探望他們的少爺，現職會計師的于崇德先生，因從報上看到我演講的消息，所以一家三口都到了會場。散會時他把他的夫人和少爺介紹給我，並且一再地說：「你是我的師父，是因爲法師才把我已經中斷的佛教信仰重新恢復回來。」這使我感到非常欣慰。人到晚年，能夠回到佛教信仰，實在是一樁幸運的事。所以我連聲對他說：「恭喜你，祝福你。」

三一、座談會

十月二十七日演講完畢，驅車到陳志雄夫婦府上，那是一座非常幽靜寬敞的獨門獨院兩層樓住宅，院中還有游泳池、涼亭，這在美國可算是中等以上的家庭才會擁有的生活水準。而他們夫婦不是為了自己，卻是為了菩提學會的成員，能有一個穩定而較為寬大的聚會共修的所在。

當日到有五十多人，由該會會員二十多人各自準備一道美味可口的素食和餐點，以自助餐的方式在外邊院子裡的陽光下，圍著游泳池，三個一堆、五個一群，邊吃邊談。像這樣以家庭聚會的方式來促進彼此間的友誼，相互勉勵道心和信心的增長，實在是值得推廣的方式。

飯後，有一位朱無相居士，苦口相勸，要我接受他的八百粒裝的一瓶理腸劑「新表飛鳴」，因為他見我太瘦，斷定是腸的消化吸收有障礙。

我在略事休息後，從兩點半到四點半，在他們的客廳做了兩個小時的座談，當我把上午未講完的部分補充之後，由他們之中的十八位居士以書面提出種種有關佛法的義理、修行的態度、外道和正道、正法和邪法等等的問題讓我解答。雖

▲在矽谷陳志雄（右二）居士家演講。

然我很疲累，但是心裡感到很安慰。感念他們學法與求道之心都是那樣地懇切眞誠。其中有好多位居士已跑了很多附佛法外道的地方，親近過好幾位自稱是活佛、上師、禪師、老師等的外道師。聽了我的解答說明，才知道什麼是正信的佛教，什麼是正知正見的佛法。

這個菩提學會，從其會名可知，它跟西藏的密宗有關。自從有宗喀巴的《菩提道次第廣論》及《菩提正道菩薩戒論》等的論書以降，藏傳佛教特別重視菩提心，該會就是以藏傳的密教爲主，而漢傳的顯教也很受他們的重視。本來不論顯教密教都是佛教，應該沒有差別，基本的佛法完全相同，所以他們要我講的題目就是佛教的基本大意。我回到紐約之後，還收到陳志雄居士的來信，說我已把一面「法鼓」放在他那兒，他們會盡力而爲，把佛法在當地傳播弘揚。

三二、一天禪訓

十月二十八日，他們為我安排了一整天的初級禪坐課程，借大覺蓮社大殿從早上九時到下午五點，為當地四十位居士上了七堂課。這是我八年以來第一次對外親自上初級禪坐課，本來以我的體能不可能連續整天上課，由於他們再三請求，遂請楊泳漢醫師擔任英語翻譯。我以非常微弱的聲音為他們上課，相信他們不需要聽我的聲音，只聽翻譯就好，結果反而讓他們感覺到我很慈悲，聲音很柔和，不僅沒有催眠作用，反而有親切自然的吸引力，這也是我從未想到的效果。

他們四十多人都很用功，其中有些人已經參加過禪七，有些人曾學過瑜伽靜坐、太極拳靜坐、道家的靜坐，但上完我的課之後都覺得很受用，在方法上和觀念上都給予他們新的消息和指導。

初級禪坐班結束，接著是為二十六位男女居士舉行皈依三寶的儀式。我特別強調皈依三寶不是皈依個人，任何一位出家人都能為人說皈依。但一般人的心中總以為高僧大德做為皈依法師才是眞正的皈依，而且把皈依法師當成是眞正的師父，不覺得其他親近過和學過法的法師是師父，這種觀念必須糾正。在我以為，是不是由我說皈依沒有關係，向我學習修行的方法和修行的觀念更重要。有些人由我主持了皈依儀式，以後再也不見我面，逢人卻還是說：「我的師父是聖嚴法師。」這雖沒什麼不好，但也不是很好的現象。

三三、整合研究所

▲在大覺蓮社與吳怡博士共進餐。

十月二十八日，是我在舊金山期間最忙的一天，上完一天的課，又舉行皈依的儀式，而在六點鐘晚餐前，吳怡教授已帶著他的夫人及十多位學生，到了大覺蓮社，等著跟我談話。首先我和他們，包括中、美、韓三種國籍的學生，一同接受大覺蓮社的晚餐招待，接著就進行了兩個小時的座談會。

吳怡教授是我在三十年前主編《人生》月刊時的朋友，那時他還是臺灣師範大學的學生。因爲他寫的散文相當好，記得我很喜歡他的散文集《人與路》。偶爾他也爲佛教的刊物寫文章，所以約他到北投的中華佛學文化館談了兩次話。後來，我在臺灣南部山中閉關期間，也和他通了幾次信。從此以後，只知道他在中國文化學院讀完了博士學位，當了教授。不久又到了美國宣化法師創辦的法界大學任教。此期間我也讀到他的幾本著作，其中一本是他和他的師大時代的老師張起鈞教授合寫的《中國哲學史話》，另一本是他把吳經熊博士用英文寫的《禪學的黃金時代》翻成了中文。直到在去（一九八九）年夏天，他出席中國文化大學哲學研究所召開的「東西哲學比較會議」的會場才又見到他。彼此都很歡喜，互相看看，不禁啞然失笑，因爲一轉眼間，彼此都已那麼老了。但是三十年的時間並沒有改變他那友善、溫和、敦厚的性格。當時他告訴我，他已離開法界大學，他教書的學校是加州整合研究所（California Institute of Integral Studies），同時交換了彼此的地址和電話號碼。此後一晃又是一年多過去了，由於我東奔西走，事情太多，見過面後，就沒有再跟他以書信聯絡。想不到他那麼的有心，當他從舊金山地方的新聞

▲加州整合研究所吳怡博士（左一）率其學生到大覺蓮社訪問作者（右一）。

媒體上知道我在十月下旬會訪問該地，而且有一連串的弘法活動，所以先用電話找到了我，約定在十月二十八日的晚上見面。他本只想帶一、兩位學生來，唯因他在他的課堂上，好多次提到了我的名字，所以知道消息的同學，都要跟他到大覺蓮社見我，並且要求給他們九十分鐘的座談會時間。

吳怡教授在加州整合研究所，擔任的課程是禪學及老莊。當晚也帶了兩本已出版的英文著作給我。一本是《禪心》（*The Mind of Chinese Ch'an*），另一本是《老子道德經》（*The Book of*

Lao Tzu）的英文譯著。他在臺灣讀書和教書期間，已經對中國的禪宗和道家的學說，打過相當深厚的根柢。所以來美之後，看到了幾家《道德經》英譯本，都不能使他滿意，並且指出了很多的錯誤。所以他就逐段、逐句、逐字對《道德經》做了通盤的翻譯、註解及注音。把每一句的每一字先用英文逐字譯出，再整句的譯出，而且註解非常簡明扼要。我對老子本來就喜歡，看了吳怡教授的譯著，使我對老子得到更深一層的印象。

吳怡教授服務的研究所，非常特別。是由十一個不同的研究所組合而成。包括社會文化人類學、東西方心理學、整合輔導心理學、整合輔導中心、整合健康研究、組織發展和變換、哲學和宗教、心理學、神學研究、藝術創作研究、函授研究。那是一所私立而非營利、非宗教的研究機構。創始人是一位哲學家海瑞得斯・邱獨利（Haridas Chaudhuri）採用印度人斯利・阿羅頻達（Sri Aurobindo）所創整合瑜伽學派（Integral Yoga）的理念，那是一個詩人、哲學家、政治家、聖者的整合體系。因為阿羅頻達是在英國受教育，所以知道整合東西方的智慧和精神傳統的重要性。

一九五一年，海瑞得斯博士把整合瑜伽的理念帶到美國，加以更深入廣泛地構思，便形成了東西方宗教、哲學等整體文化的結合。於一九六八年創立了加州亞洲研究所（California Institute of Asian Studies），一九八〇年改爲現在的加州整合研究所。該所沒有大學部，總共只有六百多位碩士及博士班的研究生。

吳怡教授是在他們的哲學和宗教研究所任教。從資料中見到其哲學和宗教研究所的情況及宗旨，介紹如下：該所的課程是很特別的，它將東西方的主要哲學及宗教的傳統，放在一起研究。例如不同派的印度教、佛教、中國哲學、基督教，以及西方哲學。課程的安排使學生能很精確的研究東西方的傳統及語言的訓練，同時鼓勵比較及創作的綜合，並希望能超越傳統而不受傳統學派所拘束。這些課程的設計，是爲發展欣賞人類如何廣泛回答有關生活和自然的最終問題，評估精神領域的發現，及各種精神上的學說，同時希望對哲學的領域也能有較廣的認識。

鼓勵哲學和宗教研究所的學生，在研究語言、教學、佈道、文化等方面的相互溝通，以發展出特定的知能。同時學生們和教職員，將會有很親密的工作關係，以幫助學生追求個人的目標。對該所來說，哲學應不僅是單純的、抽象的專業學術，而更應該是在個人和社會上擔任積極參與的角色。因此，除了給學生們專業文憑外，這些課程也啟發學生的創作潛力，並將哲學應用在一般傳統的運用之外。

像這樣的研究所，我們國內還沒有，將來的法鼓山中華佛學研究所，也可以像他們一樣，對佛教、佛學做縱橫面的分科研究，不過需要投注的人力與物力相當龐大。而且誰都知道，辦學校只有大學部可能賺到錢。學生多，班級大，加上是熱門而實用的科系，就會爲學校賺大錢。至於研究所，招收研究生的名額很少，碩士班每年每班不超過十人，博士班每年每班兩個或三個，通常平均有兩位或三位老師照顧培育一個學生。尤其學校還需要爲研究生的獎學金找到來源。所以支出龐大，不是一般的私立學校所願意辦的。

當晚學生們所提出的問題，多半是圍繞著心理學、哲學、禪學、佛教史學的主題發問。他們是希望從我這個佛教學者和禪師的角度來看宗教、哲學和心理學，是怎麼樣的情況。最後吳怡教授告訴我說答得很有禪味，而這也正是學生們所需要的東西。

三四、金門大橋

金門大橋是從舊金山通向北方的兩座大橋之一，也是當地的名勝之一。這次我在舊金山，往南至南灣矽谷和史丹福大學，向北通過海灣橋（San Francisco-Oakland Bay Bridge）至加州柏克萊大學及柏克萊禪中心。向北通過金門大橋（The Golden Gate Bridge）則有兩次，第一次是到蘇諾瑪山禪中心，第二次是到猶卡雅（Ukiah）的西藏中心。

金門大橋名聞遐邇，凡是外地去的遊客，都會在橋的兩頭駐足，觀賞兩岸的風光及大橋的雄姿。不過我們第一次是午後兩點經過該橋南岸，正在大霧迷濛之中，我們在橋頭的觀賞臺上，只能忽隱忽現見到橋身的一小部分。而且風勢很大，氣溫很低，遊客稀少，我們在停留三、五分鐘之後就上車過橋。到了北岸的橋頭，運氣很好，發現麗日斜照，晴空萬里，橫跨兩岸之間的紅色橋身，在藍色的天空之下和綠色的水面之上，顯得特別嬌美。我們在瞭望臺上，觀賞金門灣的對面橋頭附近，還是籠罩在白濛濛的濃霧之中，但是舊金山的全景以及遠處的另一座大橋，已能清晰可見。

我們在橋頭拍了幾張照片，也遇到了一位穿著黃色袈裟，帶一副太陽眼鏡，大概已有七十多歲而精神矍好的南傳比丘。我感到很歡喜好親切，所以趨前向他合掌問訊打招呼。也許他沒見過中國比丘的樣子，所以感到非常陌生，不願意睬我；也許是因爲彼此的語言不通，無法和我交談。結果有一位陪伴他的中年女士，用英語告訴我說，那位比丘來自Laos（寮國），我也表明：「我是中國比丘，看到這位老比丘很尊敬他，能不能告訴我，他從哪裡來？叫什麼名字？」那位女士就將這位老比丘的名字寫在我的記事簿上：Phimprachan Keopha，後來我再跟這位老比丘說：「能夠在美國相遇，眞是非常有緣。」然後我給他一張名片，希望他有機會到臺灣訪問。

據說直到現在爲止，還有許多南傳的保守派比丘，不承認大乘的比丘是佛教徒，也許這位老比丘把我當成外道吧！這又使我想起，以往的中國佛教徒把南傳的上座部貶爲小乘佛教。他們就乾脆否認我們是佛教，而指爲是菩薩教了。像這樣的情況，目前由於交通發達，國際間的活動頻繁，彼此的距離和誤會，將會越來越少。

在紐約就有一個錫蘭比丘領導的紐約佛教會議（Buddhist Council of New York），他們的宗旨便是結合各宗、各派、世界各國的佛教徒。可見南傳佛教之中的開明之士，還是不乏其人。

▲在金門大橋的北端偶遇一位寮國老比丘（左起：保羅．甘迺迪、吳果道、作者、寮僧）。

▲從金門大橋北端遙望南端的舊金山在滾滾濃霧中。

三五、猶卡雅

這是在舊金山的北邊，距離一百五十英里地方的一個鎮，人口只有三萬，它的團體名稱爲猶卡雅沙瓦達磨（Ukiah Sarwa Dharma），它與另外一個佛教組織叫佛教徒和平團（Buddhist Peace Fellowship）共同主辦這次演講。

他們的第一個組織，創於一九八七年，因爲幾個朋友和當地社區的佛教徒，希望有個聚會的地方，來給他們打坐修行。便由當地兩個中心的原會員，邀請西藏白教第七世的泰錫度（Tai Situ）仁波切，於一九八八年三月來到當地，爲他們的團體取了這樣的名字，意思是「猶卡雅地方的全部佛法」。並給他們做了一場演講及皈依的儀式，領導他們爲世界和平做了一次祈禱。從此之後就由史蒂芬（Stephen T. Scully）和嘉兒（Carole Brodsky）夫婦提供他們住家的二樓，布置成爲打坐的靜室。每週有一次的打坐、一次演講，請各宗各派的佛教領袖和學者擔任講師，以普及佛法。

不知是什麼因緣，從一年前開始，這個組織就收到我們東初禪寺發行的英文刊物《禪通訊》及《禪雜誌》。這二本刊物的內容對他們在修行方面非常有用。所以在看到《禪通訊》，預報我要去舊金山做九天訪問弘法的消息之後，便以長途電話向紐約東初禪寺要求，希望我能夠抽出半天時間到該地給他們做一場演講，因此，紐約東初禪寺的果元比丘臨時替我增加了一個晚上的行程。

至於合辦這次演講會的第二個組織，佛教徒和平團，是美國全國性的佛教團體。他們的宗旨是讓大眾知道修行佛法是使全人類得到和平並被保護的一種方法。使美國佛教徒關心和平、環保、男女平等、和社會公正的提昇。帶動佛教徒們對現代世界的

▲作者在猶卡雅西藏中心接受獻花後，與史蒂芬及嘉兒夫婦合影。

和平、環保和社會活動的重視，鼓勵以非暴力的方式達成其目的。主要是根據傳統佛教的教義，爲其豐富的資源，對全美國和全世界各處的佛教團體，提供不同的語言服務，以促進彼此的溝通互助與互惠。

這個演講會雖然是兩個團體聯合主辦，負責邀請的是Stephen Scully，而當天晚上也在他們夫婦家用晚餐。爲了我是中國人，他們特別從鎮上請來一位在經營速食店的中國太太，爲了我們煮了一席豐盛的中式素筵。我一進門，那位太太就用中國話稱我聖嚴法師，並且頂禮三拜，使我感到非常意外。她說曾經看過我的書，她的先生叫溫以敬，曾經給臺灣的《菩提樹》雜誌寫過幾篇文章。

▲演講前，與翻譯者洛妮．波爾博士說明大綱。

他們夫婦都是新加坡隆根法師的皈依弟子，所以很高興能在那樣偏僻的小地方見到我。的確，她的廚藝相當高明。

在蘇諾瑪山禪中心爲我們掌廚的另一位中國太太霍梁秀芳，當晚也從五十里外的北加州一個大城聖塔羅莎（Santa Rosa）趕來，請我爲她說皈依，也帶她先生來聽當晚的演講。我借用Stephen家的二樓靜室，爲霍太太舉行了簡單的皈依儀式。至於這間打坐室的布置，完全是西藏密教的風格。密壇、供器、誦經用的個人矮桌，牆上掛著許多喇嘛的照片，泰錫度的相片被供在左側，其他是幾位白教的高級喇嘛，包括大寶法王卡瑪巴（Karmapa）供在正中，我都見過他們本人。今（一九九〇）年二月十七日泰錫度還訪問了我們農禪寺，跟我餐敘了兩個小時，送了我一幅他親自寫的藏文字軸，他能說一口相當好的英文，不過三十多歲。好像我跟白教的喇嘛們之間有特別好的善緣。

晚上的演講，是借鎮上的一個教堂舉行，爲五十多位聽眾，做了九十分鐘的演講，題目是「內靜與外和」（Inner Peace and Outer Peace），副題是「禪」。分作三個子題：

（一）佛法所見的內在與外在

（二）佛教的目的在於內外的和諧及身心的自在

（三）參禪的方法與目的是在於淨心與安心

這篇講稿已由甘桂穗博士整理成文。

當天晚上我準備了很多資料，因爲對象多半是初學，所以無法講得更深入，而且擔任翻譯的人是洛妮．波爾（Loni Baur）博士，她就是曾經在萬佛城宣化法師那裡出家達十五年之久的恆隱比丘尼，她曾經當過法界大學的校長，是哈佛大學的音樂博士。可是西方人能夠終身出家的相當難，故在五年前還俗結婚，現在已經有個三歲大的男孩，她正在攻讀法律的博士學位，準備做律師賺錢。本來她的中文程度很好，翻譯的能力也很強，但是已有五年不說中國話，不看中國書，對於我的口音沒有習慣，對我的演講方式，也沒有默契，因此，我講得吃力，她也聽得吃力、翻得吃力。不過由於她的英文好，佛學底子也不錯，所以聽眾的反應，還是很好。講完之後，還有好多位聽眾，熱烈的提出問題，我答得很有趣，所以那是最輕鬆的時刻。

演講結束，由甘桂穗博士開車回到舊金山的住處，已經是深夜一點。我們大家都很累了，好在這是舊金山之行的最後一個晚上的最後一場演講，第二天就可返回紐約了。

三六、舊金山的法師

▲作者探訪智海法師。

這次我到舊金山未勞動當地的法師。由於時間緊湊，日程繁忙，也未能去各道場拜訪，卻還是見到了十多位出家的同道。

十月二十六日，是我到舊金山九天之中唯一可休息的一天。本來希望好好打一天坐或者睡一天覺，結果由於甘小姐幾次提起妙因和智海兩位法師，我也很想看看他們，所以上午九時訪問了般若講堂的智海法師，參觀了他的新道場。那是一座相當寬大的教堂改裝而成，直到現在他那座建築物的大門上方，還有一個巨形的十字架，不過被智海法師用一個大佛字巧妙地遮蓋起來。大殿的兩側牆壁掛了十幅智海法師親筆所寫的《華嚴經》經偈，是用長方形的鏡框裝裱，看來很有莊嚴氣息。還有兩幅巨大的玻璃字匾，寫著「佛心」兩字，是出於同一位書法家之手，卻表現著不同的神韻。大殿裡面的最大特色，是在進入玄關之後就可見到一座金碧輝煌的七層寶塔，有六角的飛簷，每一層有六個門，每一門內供一尊佛像，而且尺寸類似，形式不同，質料各異，尊尊寶相莊嚴，這是我在別處寺院很少見到的。智海法師教演天台，法弘止觀，教觀並重，近年來常到臺灣弘法，今（一九九〇）年春天還到農禪寺訪問了一趟。

上午十點半，訪問妙因法師，他是律宗大德慈舟法師的學生，是在一九七九年之後，從中國大陸來到美國。本來他早已於大陸政權成立前移錫香港，到大陸的文革初期爲止，他已在香港蒐集不少大陸的佛教文物，特別是古代留下的古本佛典。嗣以其母在大陸老病，需要他回去照料，結果他就留在大陸，直到文革結束，而宗教政策緩和之時，他才由舊金山的法師們請到了萬佛城。有一段時間，駐錫於弘福寺。現在則有幾位居士爲他租了一家民房的底層，和車庫相連接，在

▲般若講堂的殿內寶塔十分莊嚴。

▲作者探訪妙因法師後合影。

一方非常狹小的房間內擺滿了他的藏書和法物。在我過去的印象中，他是一位持戒、弘戒的律師，但是現在他所住的道場，卻明顯地告訴我，他是一位顯密雙修，而更重於密乘的行者。

今年他已七十七歲，看來身體健朗，步履穩健，只是兩耳相當重聽。他的生活環境看來非常淡樸、簡陋。當每一位在美國留下的法師都有了道場的今天，而他僅以暫租的民房之一角作爲安身辦道之處，尚能念念不忘向各處蒐求古典古本的佛書，抄錄影印和再版印贈。當時他抄給我一份庫存書單，有十七種之多，其中包括《南山律》的著作，弘一大師以及《華嚴經》類等的著述。他也手抄過一本月稱論師的《入中論》、宗喀巴大師疏。當我贈送了他一份供養，他還連連地說：「有多少我都要帳目分明，向大家公布。」他的書法有相當的功力，雖然年近八十，還是一筆不苟，秀麗有力。抄經錄疏，相信也是他的修行法門之一。

最感人的，是十月二十五日晚上，我在大覺蓮社演講之時，到了十來位比丘、比丘尼，其中一位是年近八十的靈眞法師，他的太極拳根柢深厚，晚年出家，在一九六五年及六六年之間，他掛單於紐約光明寺，彼此間常有見面的機會，爲人非常地直率，又是我們江蘇的同鄉。十年前他去了加州的聖荷西，赤手空拳創建了一座規模僅次於洛杉磯西來寺的中國寺院寶華禪寺。今夏落成時我沒有空去道賀，這次西部之行也無法前去訪問，他卻趕到市內來看我，盛情至爲感人。

二十五日晚上到大覺寺的聽眾之中，比丘尼法師則有弘福寺的衍慈、福眞，觀音寺的體靜、誠明，法華寺的了淨及慈恩寺的法參等諸位大德比丘尼，以及他們的弟子，不但聽法而且對於法鼓山的建設也都非常熱忱地響應。

三七、熱心的護法群

這次我的舊金山之行，促成其事者是一群居士。甘桂穗博士安排日程、親自接送、全程陪同，自始至終最爲辛苦。甘博士從童年時代，便跟著她母親王鎭芬女士，經常親近寺院，參加法會，隨眾聽法。她是於一九四九年殉難的甘麗初將軍之遺屬。一九六八年，當她就讀臺灣大學四年級時，我正好在臺北市的善導寺擔任主講法師，她常陪她母親同來聽我講《八識規矩頌》及《大乘起信論》。那是在我聽眾之中僅僅四、五位青年之一，所以給我印象頗深。第二年我去日本留學，甘博士則到美國深造，完成生化學博士學位後，一直都在加州政府的衞生機構擔任研究工作。這次在她家中所見，卻無法證明她是一位女科學家，因爲除了佛堂，連起居室都滿滿地陳列著佛書及佛教錄音帶，所藏之豐簡直是間小型的佛教圖書館。

我在旅途中未曾帶書，每次出門演講之前，正好從她的書架上覓取參考資料，相當方便。原計畫在我訪問該地期間，她搬到附近一位居士家住，後因我們去了三個人，她就和吳果道共住一間，我與保羅各住一間，起早待晚，便利多了。當我弘化活動結束之時，她已安排好了連她自己在內一共九人，爲我整理錄音的講稿。

楊泳漢醫師，也爲我做了幾場演講的聯絡人和翻譯。楊醫師的爲人，謙沖和氣、英語好、佛學程度也好，他常以英語演講佛法，也是我在美國見到最佳的翻譯佛教人才之一。初爲我翻譯，就能有高度的默契，而且用語遣詞，要言不繁，又不錯不漏，實在難得。

大覺蓮社的葉敏居士，奉獻良多，不僅提供場地演講和主辦一日的禪坐課程，並且提供每餐飲食，又把所有的收入捐給紐約的東初禪寺之外，也爲法鼓山的建設工程，自己全力捐助並且代爲勸募，達一萬多美元。

二十五日晚上，我在大覺蓮社還遇到了另外幾位熟人，那就是年近八十高齡的女作家謝冰瑩女士，她的先生在幾年前過世，目前她是單身生活，看來非常寂寞，好在她有佛教的信仰，她的晚年一定過得相當踏實。另外見到了曾經在東初禪寺打過禪七的關維雅和她的美籍先生高貴禮，帶著他們的孩子前來看我。其實在二十二日晚上，關維雅已經趕到柏克萊禪中心聽我演講。他們原來住在波士頓，高先生是哈佛大學的博士，現在擔任柏克萊大學的教授。還有一位是曾經在我們中華佛學研究所擔任英文講師的美籍衞志華先生（Mr. Barry Wadsworth），帶著他廣西籍的中國太太和孩子前來看我，並且送我一套英譯的《華嚴經》。

在那幾天之中，時常來協助我們的，則有吳麗眞、王吟芳、王鎭芬、楊克美、劉秀美。她們在飲食的炊煮方面都花了很多的心血，機場的接送也是辛苦了她們。

這次我的舊金山之行，另外兩位護法的隨從，是從紐約趕到西部跟我會合的，那就是保羅甘迺迪和吳果道夫婦。他們比我早一天就到了舊金山，所以當我一下飛機就看到他們也在迎接我的隊伍之中。保羅是向他的服務單位電話電報公司請了三天假，專程去爲我擔任英語的翻譯，到二十五日的上午就提前趕回紐約上班，所以後來的幾場演講，分別由楊泳漢及洛妮·波爾博士擔任。吳果道居士擔心我的飲食和茶水無人照料，一直待到十月三十日的早上八點三十分，才登機飛回紐約，雖然我也是當天離開，卻是中午十二點三十分登上飛機。想來很有意思，他們夫婦和我，三個人從不同的方向到達舊金山，然後以不同的時間飛向紐約。因緣聚散，如夢如幻。

到機場爲我送行的，幾乎跟爲我接機的是原班人馬，有甘家母女、葉氏兄妹、呂家母子，再加上王吟芳、劉藍溪、鄭果嶺等。因爲我在舊金山的幾天之中，到了任何地方都是非常忙，沒有時間跟當地的法師和居士們多一點個別接觸和交談的機會，甚至大覺蓮社請我在他們的貴賓簿上簽名的事都給忘了，直到我在機場登機之前的候機室裡，葉克強居士才把簽名簿帶來，請我簽名留念。

三八、哥倫比亞大學

從美國西岸回到東岸，飛機的航程二千多英里，要飛六個小時，地區的時差三個小時，美國的版圖的確很大。回到東初禪寺之後，第二天晚上就開始爲禪坐特別班上課，以「《心經》禪解」爲主題，那是每一個週三晚上的定課；然後週五，即十一月二日繼續講《金剛經》；十一月四日是週日法會，講《楞嚴經》；十一月六日晚上，應邀至哥倫比亞大學演講「禪的理論與方法」。

從一九七六年開始，我應邀至哥倫比亞大學演講，已有十一次之多，禪在美國的流行，哥大是它的主要發祥地之一，那是洛克斐勒基金會請日本的鈴木大拙博士，在一九五〇年到一九五七年之間，擔任該校的「東方文化與佛教」的講座，專門弘揚禪法，用英文撰寫了不少禪的著作，使得禪的佛教在美國各地的學府及知識界，產生廣泛的影響。近十多年來，哥大在對佛教的研究方面，也有一位翻譯過《六祖壇經》的教授菲律普楊波斯基（Philip Yampolsky），擔任禪學的課程。可是，目前菲律普已經退休，該校年輕一代的學者們，都重視西藏學的研究，對禪的佛教的風氣漸漸淡化，所以我也有幾年沒去哥大演講了。這次的邀請單位不是哥大本身，而是推展佛教國際化和統一化運動的美國人團體「紐約佛教會議」（Buddhist Council of New York），因爲它受一位錫蘭的上座比丘Ven. Pandit Kurunegoda Piyatissa又叫Maha Thero的指導，所以它的背景應該是傾向於南傳佛教的系統，爲了接引哥大的師生接觸佛教，所以每月一次借哥大的宗教中心，請各宗各派的佛教領袖及學者，做一次公開的佛學演講。

這個團體成立於一九八五年的秋天，他們的理念就是要結合世界各派的佛教，共同把佛法奉獻給需要它的人。他們共有五個

▲在哥倫比亞大學演講時，由 Mr. Dimitri Bakhroushin（立者）主持介紹。

宗旨：

（一）和平與互不侵犯

（二）培養合作及聯絡溝通所有的佛教徒

（三）將佛教獻給美國

（四）從法律和宗教的立場保護佛教徒和佛教團體的權利

（五）籌集佛教徒的慈善基金

他們也希望所有的佛教團體，都能夠參與他們的活動，每次集會之時，都會讓來自不同派系的佛教徒們，個別用他們自己的語言，誦出一段他們所常念的經文。這樣的工作和目標相當可貴，但是要推動得順利，並不那麼容易。可是他們的三十多位核心會員都能鍥而不捨，努力以赴。現在的負責人是Mr. Jan Augustson，當天演講會的主持人是Mr. Dimitri Bakhroushin。

當天是在哥大東亞研究中心Kent Hall六樓，在一間四周擺滿了佛教經像法物的房間，做了一個半小時的演講，由保羅·甘迺迪擔任英語翻譯，聽眾共有二十三人，包括來自臺灣而在哥大修博士課程的恆定比丘尼，以及那位錫蘭上座比丘所帶來錫蘭籍的三位年輕比丘，他們的寺院叫作「紐約佛教寺」（New York Buddhist Vihara），距離我們東初禪寺不遠，我和他們竟然從來沒有見過面。他們的英文都很好，讀過我的書，看過我的文章。我卻沒有參與他們的社交活動，所以對他們感到有點慚愧和歉意。

當晚所講的內容共有四點：

（一）中國儒家主張人文的現實生活，所謂希聖希賢，乃在主張人格的完成；而道家主張所謂羽化登仙的修煉目標，也是在肉身成道。儒道兩家，都不信有過去世和未來世，這也影響到中國禪宗重視當下頓悟成佛的思想。

（二）頓悟的事實在印度的釋迦時代就有許多的例子。羅漢的解脫共有兩類，那就是定慧俱解脫和僅僅慧解脫。禪宗主張定慧不二，以慧為主的法門，其實和佛陀時代慧解脫阿羅漢的例子相似。

（三）禪宗不用修行的方法，生活就是最好的修行，用話頭公案是對於無法當下安心的修行者所用的方法，把一切的問題逼向內心的深處，直到逼得無處可逼，沒有迴旋餘地，徹底消除時，那就是自我中心的破除，煩惱執著的粉碎。

（四）從禪宗的立場所得到的悟境，誰能知道？誰能證明？悟後又是如何？

這場演講的聽眾之中，大部分已有禪坐的經驗，但是未必學的是禪宗。他們聽我講完之後，才知道禪宗並沒離開印度的佛教和印度的佛法，甚至就是印度傳來的佛法，但它是在中國開出，帶有中國色彩，應該也是正常的事。

三九、布洛倫學院

十一月八日是我第三次應邀到紐約市立大學的布洛倫學院（Brooklyn College, The City University of New York）演講，前兩次都是由該校學生組織及中國留學生團體所主辦的演講會，因爲那是學生的活動，加上他們對於佛教和禪的常識非常缺乏，所以我講得吃力，也並沒有引起聽眾多大的興趣。可是這一次的主辦單位，是一個學術組織華爾夫研究所（The Wolfe Institute），協辦單位是該校的宗教系、心理系、靜坐社，而且指定的講題是「從禪的傳統談人類意識」（Human Consciousness: The Zen Tradition）。

這個研究所的全名是The Ethyle R. Wolfe Institute for the Humanities，它是由一位姓 Wolfe 的慈善家，在一九七二年創立的人文科學研究所，然後逐漸增加它的內容和範圍，到一九八九年，即隸屬於布洛倫學院，改爲現名。這個研究所並沒有學生，可是紐約市立大學人文科系的教授們多半都是它的成員，他們的主要工作是，支援並邀請屬於人文科學範圍的各類專家學者，做定期的演講和討論，從他們排定今年秋季的演講會行事曆來看，共有三十七場之多，包羅的範圍很廣，

▲作者與翻譯王明怡居士。

凡是關於人類學、社會學、婚姻關係、戰爭與和平、宗教與哲學、心理學等，都在他們所討論和研究的範圍之內，而且邀請的講師，都是在學術、政治、文化、宗教等各領域中，已經是知名的人士。他們所辦演講會的主要特色，是在一場演講會之中，可以是一位講師，多半有兩個以上的講師，依不同的觀點和立場，針對同一主題發表演說，然後留下三十分鐘的時間，給與會的聽眾發問和討論。

我這場演講很受矚目，因爲是和該校的心理系主任教授李清澤博士共同擔任。我是從禪佛教的立場談人類意識，李博士是從道家和太極拳的立場談人類意識。同是來自東方的中國，卻是兩派不同的學術，對於西方人所提出的人類意識問題，提出各自的意見和解決的辦法。大致上李博士並未推翻禪的立場，倒是他用科學的實驗，提出量表資料的統計，加強了禪修的可信度。

當天我講的內容，分成三點：

（一）佛教對人類意識的分析，有三個名詞，「心」、「意」、「識」。「心」有眞有妄，眞心是智慧，也可以叫作佛心，妄心是煩惱，也可以叫作眾生心；「意」就是妄心的一部分，是指分別、認識、知覺等的心理活動；「識」是指意識、潛意識和非意識的生命主體，例如低等動物沒有意識

▲演講後與幹部合影，左起：靜坐社員、靜坐社社長Miss Anselma Rodriguez、主持人Dr.Wieperf、作者、Dr. Robert Oliva、靜坐社員。

的作用，但是仍有延續生命的實質，那就是非意識的本識。

（二）禪宗對意識的看法，在禪宗的修行方法叫作安心、息心、澄心、觀心的心都是指的妄心。至於發菩提心的心，明心見性的心，是指的眞心。而禪宗修行的目的，在於明眞心見佛性。

（三）如何處理意識的問題，心理和精神醫師是用分析及瞭解的方法，因爲無法徹底分析、無法全盤瞭解，所以不能眞正解決意識的問題。禪的方法是教我們擺下所有的問題，初步是練習著不要管所發生的心理問題，第二步則是在心念能夠集中統一之後，徹底予以粉碎，那就是一勞永逸地處理了意識的問題。

因爲我講得很有組織系統而又深入淺出，王明怡居士的英語翻譯也配合得恰到好處，所以講超過了時間，聽眾還要求繼續講下去，可是顧慮到佔用了李博士的時間，不得不告一段落。這次演講會的聽眾，都是該校哲學系、宗教系、心理學系以及社會系、靜坐社的教職員和學生七十多人，素質相當高而整齊，比起前面兩次經驗，乃有天壤之別。

那場演講會的主持人，該校心理系教授唐衛伯（Dr. Don Wieperf）在我演講之前，一直擔心是否有人來聽我演講，因我畢竟不是達賴喇嘛那樣有高知名度的人，甚至很少有人知道聖嚴法師是何許人也。但在開講之後，聽眾越來越多，竟把演講室的椅子全部坐滿，後到的人，連華爾夫研究所的負責人湯瑪斯·布爾恩（Prof. Thomas Burns）也只好站著聽完我的演講。故當我講畢離去之時，唐衞伯教授特別向我致謝，並盼再有機會能請到我。另一位該校的職員勞勃·奧理弗（Mr. Robert Oliva）也爲這次的演講，攝製了一套錄影帶，爲該所存檔備用，由此可見他們對於這場演講所持愼重的程度。

四〇、密西根大學簽合約

我與密西根大學的關係，可以追溯到去（一九八九）年七月，在臺北召開的第九屆國際佛學會議，因為我是該會的創始會員之一，在會場見到了密西根大學佛教文學研究所所長葛梅茲（Luis O. Gomez）教授，他也參觀了我們的農禪寺及中華佛學研究所，對我們的印象很好。同時我也跟他談起，今（一九九〇）年春天將召開第一屆中華國際佛學會議，他也表示如果時間可能，願意出席。到了去年十一月十日就請我到他們的大學，做了一次訪問演講。那是由於另一個因緣，我的美籍在家弟子史蒂文生博士（Dan Stevenson）的好朋友葛利菲・福克博士（Griffith Foulk）在密西根大學教書，而且跟我同是《禪的傳統及傳承》（*Zen: Tradition and Transition*）那本英文著作的共同撰稿人，他很想見見我。去年十一月六日至十日之間，我正好要去美國中西部做一連串的演講旅行，所以也安排了密大的行程。那次訪問的當晚，我就被請到葛梅茲所長的家裡作客，受到他們夫婦兩人親切和熱情的招待，也談了許多佛教在今日世界各國的研究狀況。他使我知道，他們夫婦兩人的祖籍都是波多黎各，他在二十二歲就從耶魯大學得到研究

▲密西根大學與中華佛學研究所簽訂合約，左起：Dr. Kenneth J. DeWoskin、Dr. Donald S. Lopez、Dr. Luis Gomez、作者、Dr. Harold K. Jacobson。

佛學的博士學位，畢業後至加州的史丹福大學任教。到了一九七三年就被密西根大學以挖角的方式把他請去，要他負責建立現在他們的佛教文學研究所（Collegiate Institute for the Study of Buddhist Literature）。當時這個所，僅有他一個人，去年已有三個人了，除了他自己是研究佛教的通家，能夠應用近二十種語文，看懂各種語文的佛教原典。另外兩位，是西藏佛教的專家陶納·羅培士（Donald Lopez）博士，還有一位，就是在他指導下完成博士學位的葛利菲·福克博士，他是日本佛教專家。接著，他們希望有一位中國佛教的專家，至今年夏天，他們便找到了天台學的專家，我的在家弟子丹．史蒂文生博士。

今年春天，中華佛學研究所所舉辦的中華國際佛學會議，葛梅茲很想來，結果因忙而未能來，不過透過史蒂文生及福克兩位教授，轉達了他的意思：如果可能的話，他們密大的佛教文學研究所，歡迎和我們的中華佛學研究所，簽訂一項互惠交流的合作計畫。經過半年多的書信往返，終於在本年的十一月十四日，邀請我去該校所在地，安．阿爾勃（Ann Arbor）舉行了簽約的儀式。

密西根大學有兩所，一所是州立，一所是私立，他們兩校常常被中國人混淆認錯。其實他們的英文名字是很清楚的有其不相同處，密西根州立大學是（Michigan State University），私立密西根大學是（University of Michigan）。這一所相似於常春藤聯盟水準的私立密大，創校於一七八七年，當時該校校園佔地面積一千九百一十英畝，現在則有二千六百英畝，範圍之大，相當於一個小城市。校園的建築物，共有二百座大樓，圖書館共有六百萬冊圖書，分別藏於二十三個圖書館。教授有三千兩百位，為三萬五千名學生開設三千多門課程。

私立密大的佛教文學研究所，隸屬於文學院的亞洲語文部，他們的經費是學校出一部分，另外有一個基金會提供一部分，僅能供給兩位教授，若有三位四位教授，就要他們自行設法籌募。所以今年才四十八歲的葛梅茲教授，在他指導出了幾位博士之後，名聲日隆，他和他的同事，也很努力向各方面爭取支援，希望把他們的研究所，提昇到美國各大學中最好的地位。事實上，在今天的北美地區，擔任佛學課程的教授有三、四百位，其中能夠應用佛教原文原典的人則不會超過四十人，而該研究所就有四位這樣優秀而傑出的佛教學者，佔了全部北美優秀佛教學者的十分之一。更難得的是他們都年輕極富潛力。他們都曾花了相當長的時間，親自到西藏、印度、中國、日本等地，接受了佛教文獻原文原典的訓練。

北美的學術行情和學校的強弱，是以教授群的人數多寡，以及他們學術實力的大小而時常變動，其品位昇降眞所謂十年河東，十年河西。對於佛教學的研究而言，就曾表現了這樣的事實，例如耶魯、哈佛、哥倫比亞、史丹福、威斯康辛麥迪遜（Madison）、加州柏克萊等，以現在來講，早期有名的教授，多半已經作古，或者業已退休。在一所大學的宗教系裡，教佛學課程的，通常只有一位是專門研究佛教學的，有的大學根本是由學西洋宗教的教授兼教佛學課程，因爲他們的本行是西洋宗教，只能從英文的佛學著作，得到佛教的知識，然後現買現賣。故從實力來看，今天密大的佛教文學研究所，以佛教文獻學的範圍看，事實上的確已有領先於北美各大學的姿態出現。但他們的碩士和博士課程，目前只有十三位研究生，每年招收三至五名新生，入學後可以直攻博士學位，有的則先修完碩士，再攻博士。比如，新加坡來的智如比丘尼，先到威斯康辛大學的麥迪遜校區，沒有讀完碩士，現已轉到該校直攻博士課程。

十一月十四日上午，我從紐約一早起飛，九點三十分到達底特律（Detroit Metro）機場，由史蒂文生和福克兩位教授，迎接我至密大校園，先到達該校的佛教文學研究所，已過上午十時。先與史蒂文生商量有關簽約的程序和彼此間實際運作的內容。中午十二點，他們四位教授帶我到學校附近一家兼營健康食品及素食餐飲的Seva Restaurant & Market，共進午餐。下午一點三十分，到達該校行政大廈六樓的副校長辦公室，由其專司國際事務的副校長哈羅特．傑可勃森（Associate Vice-president Harold K. Jacobson）代表該校校長，葛梅茲代表密大佛教文學研究所，我代表中華佛學研究所，三人共同簽了一式兩份合約，英文稱作"Document of Understanding"。

這項簽約儀式，一共到了九人，除了我及該所的四位教授和密大副校長，還有亞洲語言文化系的系主任肯奈斯．迪瓦斯金（Kenneth DeWoskin），另外的兩位是密大校刊的編輯及記者。儀式相當簡單，既沒有客套的致詞，也沒有冠冕堂皇的談話，只有互相握手祝福。連契約的內容也沒有看，因爲彼此早已在通信之時，有了充分的溝通。

晚上七點到九點，該校有關的人員爲我安排了一餐豐盛的晚宴，那是在距離密大約十五分鐘車程處的一家名爲「湖南」的中國餐館，特別爲我準備了共有十二道素菜的筵席，每一道菜都是堆積如山，工夫也相當細緻。出席者多半是簽約時的人員，不過副校長請他的祕書路絲（Ruth Hastie）女士代理，另外多了一位文學院院長歐森柏（Michael Oksenberg），以及擔任老莊課程的林順夫教授，他是除我之外唯一的中國人，他曾經看過我好幾本書，所以聽到我去，非常希望能見到我。另外還有他們研究生代

▲作者向密西根大學諸教授介紹法鼓山的建設配置圖。

表任博克（Brook Ziporyn），他在臺北學中文時，曾經到農禪寺上過初級禪訓班的課。故在出席這項晚宴的十二人之中，只有四位不會說中國話。Kenneth DeWoskin是專門教中文的。歐森柏教授曾經擔任卡特總統的中國事務顧問，不但中國話好，而且對中國人的生活習慣也能如數家珍，娓娓而談，他不但在密西根大學有地位，也是全美著名的中國問題專家之一，所以在整個的晚宴中，多半用中文交談，好像是在中國。他們問了我好多中國的問題，我只知佛教，只談佛法，倒反而聽他們談論了一些中國故事。

四一、密大演講

▲作者在密西根大學演講時，Dr. Dan Stevenson（左）翻譯。

十一月十四日我飛去密大的目的，是簽署合作契約，簽約之後，回到佛教文學研究所的研究室休息時，有一位已八十多歲而來自臺灣大學的吳克剛老教授，已學佛多年，特來看我，同來的有兩位居士，龔德衍和陳漢忠，則要求我給他們說皈依。那是由於曾在紐約東初禪寺打過禪七的留學生智如比丘尼的介紹，說很難見到中國法師去密西根，爲滿他們的願，讓他們兩人成爲三寶弟子。我便在該所教室內的佛像之前，爲這兩位居士說了三皈。

當天下午四點到六點，該校爲我安排在安琪兒大樓（Angel Hall）的一間大教室，爲該校東方文化、宗教、語言三個所系的師生，及其他所系對佛學有興趣的聽眾共二百多人，做了一場演講。這是我在美國各大學演講的經驗中，聽眾人數較多的一次，通常都是在一百人左右，或者二、三十至七、八十人左右。如果是爲某一課堂的學生上課，往往只有十幾二十位。不僅我的演講如此，就是非常有名的學者，在美國各大學的校園演講，大致也是如此。除非是政治性、煽動性的演講，或者是特別有新聞性及傳奇性的人物演講，才會有上千上萬的聽眾，造成轟動。

這次我在密大的演講題目，是由他們事先指定的「佛教復興在現代的臺灣及其未來的展望」（The Buddhist Revival in Mordern Taiwan: Its Origins and Implications）。因爲他們很有興趣聽聽臺灣佛教的現況，包括研究的、信仰的、對於社會關懷的，範圍相當廣。因爲僅僅兩個小時，還得減掉一個小時由史蒂文生爲我做的英語翻譯，我就只好不管他們要聽什麼了。不過經過現場調查，每一位聽眾都有不同的希望，所以還是由我自己決定演講的內容，一共分爲十點：

（一）從衰到興的近代中國佛教。

（二）廟產興學和寺院辦學。
（三）楊仁山居士的刻經事業與佛教的教育事業。
（四）太虛大師的教制革命，教理革命及佛教教育。
（五）近代佛教思想中的唯識學、中觀學、阿含學、西藏學。
（六）實踐的佛教有禪、淨、律、密。
（七）臺灣現在有七座佛教研究所，二十多座佛學院，在學的僧俗學生約一千五百人，他們是什麼程度？在研究什麼？學些什麼？有哪一些老師和學者？
（八）佛教對社會的關懷，有慈善救濟、文化宣導及通俗演講等活動。
（九）修持的實踐有禪七、佛七、拜懺、念佛，相當盛行；個別的禁足、閉關，集體的朝山、拜山等活動，相當普遍。
（一〇）翻譯及出版，也在漸漸的成為氣候。

在聽眾之中的學者們，對我演講內容最感興趣的部分，是近代中國佛教受到西方文化和西藏佛教思想的影響，而產生佛教教理革命的運動，佛教徒投入社會的運動等。所以在我演講完畢，也向我提出了幾個問題，要求解答。例如：臺灣佛教界對西藏佛教的容受及接納到什麼程度？佛光山、法鼓山、慈濟功德會等較大的佛教團體，是以怎樣具體的方法和形式，來弘揚佛教並關懷社會等等。

四二、探鑛尋寶

當我每到一處，每見一人，第一個念頭便是我能夠給他們什麼？他們會因我而得到什麼利益？第二個念頭就是觀察、探問他們有什麼優點和長處，是我所沒有的，如何向他們學習？能夠學習什麼？我用三寶布施，我也探鑛尋寶。

因此，我在做演講旅行及弘法訪問的同時，也可以隨時隨地向許多人學到不少的長處，那眞所謂行萬里路勝讀萬卷書的道理吧！這也是我喜歡於訪問旅行之後，總會情不自禁的找時間寫下記錄性和報導性的文章。

我在密西根大學訪問之時，向他們討教佛教文學研究所課程及學分的情況，他們告訴我，通常的學生完成碩士學位時，必須修滿三十六個學分。每門課三學分，畢業論文也是三學分，也就是共計十二門課，包括論文在內，在四個學期，兩個學年完成，也就是每學期平均修三門課。優秀的學生，每學期可以修到四門，但是要讀完四個學期，如果加上夏季的學期，一年半內也可以讀完。

他們的課程對於成績特別優秀的學生，只需修二十四個學分，其中的二十一個學分由老師指定；剩下三個學分，也就是一門課，是由學生自選。所謂老師指定的課程，包括兩門語文，兩門跟自己專攻主題相關的課程，一門佛教文獻學或者佛教資料史，另外兩門是學生自己主題研究的課程，然後再加上二十到二十五頁長的小論文，算爲三個學分。至於普通的學生，再加四門課程，作爲輔助佛學基礎及語文能力之不足。

通常的上課方式分成三類，就是老師授課、師生對讀研討、學生上臺報告。一個碩士在畢業前，必須到大學部給學生演講四十五分鐘，是就研究的課題作授課的練習和考驗。另外要在兩個小時內即席撰寫一篇有關研究方法的論文，約六頁以上。論文的題目事先已由老師提供參考資料，共有八個主題，要讀許多的書，然後由老師指定八題中的任何一題撰寫論文。經過這樣的訓練之後，完成的碩士學位，應該是有相當的程度了。

我又問起他們，在對於教授們的共同研究方面的運作方式，他們告訴我是採用對讀、研究、討論。那是集合不同研究領域的人，選擇同一部經、同一部論、同一篇論文、用不同的立場和角度，甚至是根據不同語文與版本，研讀同一個題材的資料。就可使得每一個人都能增長自己未見未聞的觀點或訊息，大家不但不感到乏味，而且都會覺得很有意義、很有收穫。

我也問到研究生獎學金的事，他們說通常能夠申請到的機會比較多的是助教獎學金，也需要在入學以後一年以上或者兩個學期以後，端視學生語文能力及研究能力之優秀者，即可向本系或本所提出申請，也有由老師推薦的。像智如比丘尼現在就是這項助教獎學金的受惠者，但她必須擔任監考、改考卷、替老師上課或兼一門大學部的課，每星期得花上六個到八個小時或者更多時間。以此而使學生付出時間，換得了經驗。另外一種獎學金是由於特定的公司爲了需求特定的人才，所以提供獎學金委託某些大學的特定科系的研究所，代理訓練他們所需要的人，如果有幸而申請到這一類的獎學金，那就只要埋頭讀書，專心研究，而不必要爲學校兼做其他的工作，不過像這樣的機會，可遇不可求，相當難得。至於佛教學系，至少在目前還沒有發現這種方式的獎學金。

對於有志求學而無力負擔學費及生活費的學生，另外還有兩條路可以找到資源：

(一)如果你已取得美國居留權的身分或者你是美國公民，可以向政府無息貸款或有息貸款，等到畢業之後，找到工作之時，分期歸還。

(二)可以向學校申請一份工作，按月支付你工資，你就以此而賺取了學費及生活費，這是工讀生的方式，例如恆清法師留學期間曾在學校的圖書館工作，目前的梅迺文同學也有一份同樣的收入。

在我們國內的佛教界，教育未上軌道，也沒有制度。辦學的人必須無條件的負擔師生所有的經費以及教育所需的設備，如果沒有雄厚的基金作爲後盾，也沒有產業作爲支援，要想維持得久，實在很不容易。我們是否也可以參考外國的制度和方式？也就是學校、學生、佛教團體，共同解決經費供需、工作分擔、計畫培養人才、任用人才的問題。這是我在訪問了密西根大學之後，所得的省思和想法。

其實我不僅注意佛教的教育，也注意佛教的修行活動、弘法方式以及東西方觀念的會通、教內外現實環境的互動。回顧佛教的歷史固然重要，展望佛教的前途更加的重要。我們如果不把心胸擴大，眼光放遠，盡量學習人家之所長，改良自家之所短，不僅會趕不上時代，也會很快地被我們所處的環境淘汰。

四三、紐約第五十次禪七

從密西根回到紐約後的第三天，那是十一月十七日，即在皇后區的法拉盛借到臺灣會館大會堂，做了一次公開演講，當晚雖然勁風挾寒雨，氣候冷肅，參加的僑界聽眾，仍是把會場擠滿。講題是在臺北國父紀念館曾經講過的「情與理」。由於時地不同，內容也有些更動。

接著便是十一月二十三日至十二月一日之間，我在紐約主持的第五十次禪七。

回憶我在紐約打禪七的歷史，頗多辛酸，也極感欣慰。一九七七年五月的第一次禪七之後，我及我的幾位弟子，都渴望著能有另一次禪七的因緣，因為我們沒有固定的道場，是否還能借到場所，毫無把握。所幸沈家楨先生的菩提精舍，終年空著，而且地寬屋大，遠離塵囂，鄰近海灣；陸續地借到四次，都很順利，到第五次時，已是一九七九年五月，我已離開美國佛教會，正是我在美國最最困頓的階段，沈先生依舊答應借用，但在那七天之中，我們過得很不平安。第一個晚上，精舍的管理工人便來興師問罪，說我們不該那麼晚了，還有人從外面進來，形同小偷。第二天來檢查廚房，說我們不該任意使用精舍的珍貴碗盤。第三天則拿著他自衛的手槍，對著我們威脅說：「如果誰再敢破壞精舍的骨董，他守護有責，就要不客氣了。」他所謂的骨董，是指這座古老住宅中的舊桌椅、老地毯、一尊泥塑像，只要輕微移動，都有可能受損。

我們知道這絕不是沈先生的意思，但是工人的耳朵尖，心眼小，總是從何人口中聽到有關我的什麼批評了。所以我一再向他保證並且道歉，同時約束弟子們，盡可能地小心翼翼。總算讓我們打完了禪七。然在最後一晚的心得報告時，幾乎每一個人都哭了，認為佛法難遇，修行難得，尤其對於我的感激，情溢言表。第二天我們離開菩提精舍時，都有無限的感謝與感慨，有一個弟子噙著淚珠問我：「師父，我們不可能再來菩提精舍了，是嗎？」我安慰他：「我們學佛的人，相信因緣，不必強求，也毋須失望，未來的事，到時候再說吧！」我乘坐一個黑人弟子奧斯華．佩爾（Oswald Pierre）的車子回紐約市，另一位中國弟子王明怡君也同車坐在後座，一路上大家靜默無言，好像尚在禪七的禁語期中，我偷眼看看他們，他們的雙眼，都滿含著淚水。迄今為止，這是我唯一的一次，看到他們兩人流淚。那位黑人並非有錢，但是一回紐約，就捐了我二千美金，而這兩人直到今天仍是我們禪中心的忠實會員。也可以說，我之留在美國而不辭辛勞，不

▲在菩提精舍第一次禪七圓滿日當天，沈家楨夫婦來慰問。後排左起：丹瓦塔、沈夫人、日常法師、作者、沈家楨、王明怡、保羅．甘迺迪。前排左起：麗契艾爾、丹．史蒂文生、阿蘭卡，另一位拉菲雅．白菲亞正在拍照。

畏艱難，受了這批弟子們的感動，也是原因之一。

當然，我們與菩提精舍的因緣，就此落幕。事後沈先生知道了一點什麼，特別向我致歉，並歡迎我們放心地再去打禪七，我倒不在乎，我們的會員卻不敢去了。如今的菩提精舍爲了建設莊嚴寺而已經易主易名，那位工人則隨著宅院被沈先生讓給了新主人。

一九八〇年春天，我們雖已購得一棟二層樓房，但還有兩戶房客，所以商借應行久夫人金玉堂居士的大乘寺，舉行第六次禪七。那是距離紐約市一百五十英

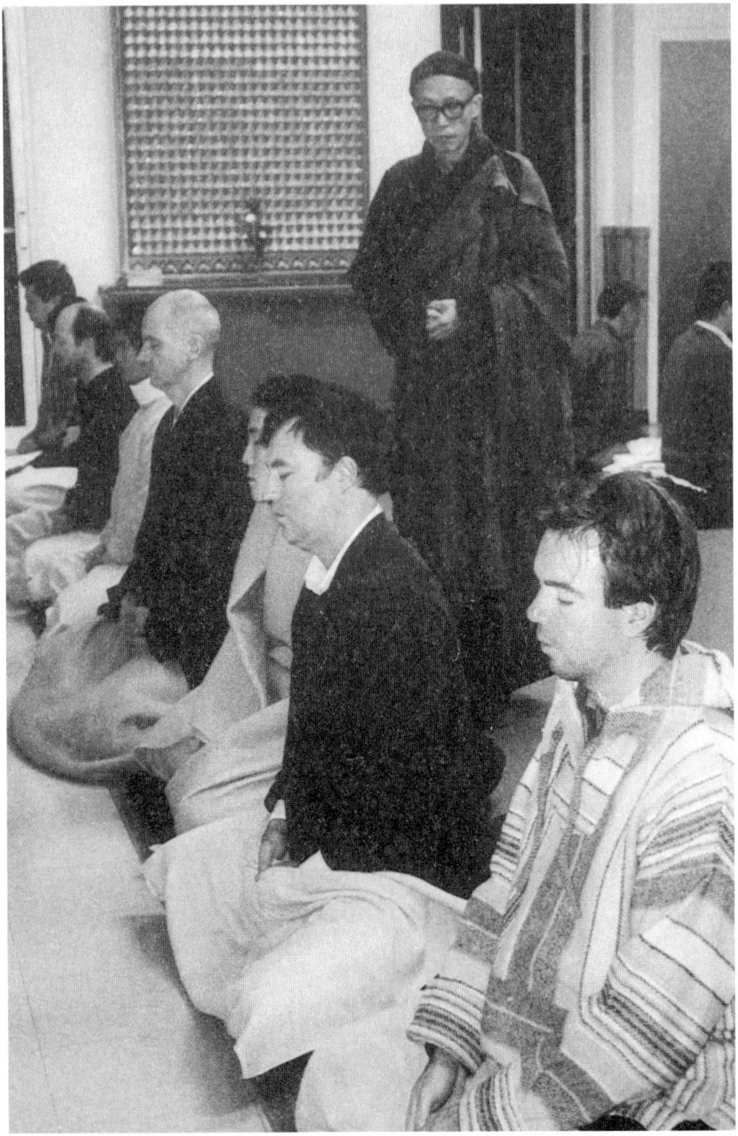

▲作者在紐約舉行的第五十次禪七。

里處的北方，被稱爲紐約上州，靠近州政府所在地阿爾巴尼（Albany）之東。佔地面積相當大，新建佛殿可容兩三百人，設備完善。應夫人也親自參加禪七，並且帶同她的侍女爲我們提供餐飲，這是我們禪七生活中最豐富、最順利的一次，眞是感謝。然在結束之後也聽到了不再歡迎的風聲。直到去（一九八九）年初，應夫人始知此傳聞，便特別向我解釋，根本不可能有此一說。

也許這就是我自己的業報，沈先生及應夫人，對我個人及我們的團體，都是恩人，偏偏會先後發生這樣的事，眞太遺憾了！這也就是後來我要說：「若要傳宗接代，鳥須有巢、人當有家、僧該有寺」的原因了。

從一九八〇年下半年起，東初禪寺的二樓另外一戶，住著兩位中國神父的房客遷出之後，我們便用那僅可容納十三人打坐的房間，開始舉辦第七次禪七。嗣後每年有四次，那就是五月下旬的國殤假期、七月初旬的國慶假期、十一月下旬的感恩節假期、十二月下旬的耶誕及新年假期。其間曾有三次連續打兩個七，到一九八六年底，已是第三十五次，由於佛殿兼作禪堂的空間不大，最多容納二十四個禪座位置，報名參加禪七的東西方人士卻越來越多，故於一九八七年春，我們遷入了現址，最多已可接受三十八位禪眾共同打七了。

時間好快，一轉眼，到本年感恩節的禪七，已滿五十次，每次禪七中的開示，也被陸續整理，編輯成書：

（一）*Getting the Buddha Mind*《佛心》已由繼程法師譯成中文《佛心眾生心》，一九八二年出版。

（二）*The Poetry of Enlightenment*《開悟的詩偈》，一九八七年出版。

（三）*Faith in Mind*《信心銘》講錄，一九八七年出版。

（四）*Ox Herding at Morgan's Bay*《摩根灣牧牛》，一九八八年出版。

（五）*The Infinite Mirror*《寶鏡無境》，一九九〇年出版。

（六）*The Sword of Wisdom*《智慧之劍》，一九九一年出版。

（七）*Catching a Feather on a Fan*《用扇捕羽》，一九九一年出版。

此外尚有一本書已經完成正在等待排版，另有兩本書已在著手編輯中，這些都是出於中、美、英的諸位熱心弟子的努力奉獻，對於將佛法推廣到英語社會，業已產生若干影響。

在第五十次禪七中，也頗有特色，第一是男眾人數超過女眾。第二是老參久修的禪眾多過新學，例如薛維格教授、約翰．派克醫師（John Parker, MD.）、邱．克倫及他的夫人蘇珊均已習禪十幾二十多年。第三是共有三位禪眾，具備主領一地禪修的身分：

（一）英國的約翰．克魯克（John Crook），已在負責威爾斯的禪堂。
（二）緬因州的邱．克倫（Hugh Curran）正在負責摩根灣禪堂的經營。
（三）冰島的衛史呑．羅特維克森（Vesteinn Ludviksson），已發起成立了該國的坐禪會。

可見我到此時為止，雖在接引西方人出家這方面沒有成功，然把佛法傳給西方人並讓他們再傳下去的工作，我總算沒有白費了心血。

在我於美國接引及指導的弟子和學生之中，高級知識分子較多，除了正在攻讀學士、碩士、博士學位的學生之外，有許多是工程師、醫師、教員、教授，其中有五位是在各大學專教佛學：于君方博士、史蒂文生博士、約翰．克魯克博士、詹姆士．哈利斯博士（James Harris）、邱．克倫先生。他們目前分別任教於羅格斯大學（Rutgers University）、密西根大學（University of Michigan）、布利斯朵大學（University of Bristol 英國）、衛勃斯特大學（Webster University）、緬因州立大學（University of Maine）。

四四、冰島來的禪行者

在紐約東初禪寺的第五十次禪七中，來了一位冰島的禪行者，穿的是日本禪僧的衣袍，坐禪的姿勢相當標準，每炷香坐下之後絕對不動，穩如一塊崖石，小參時也很少問問題，工夫用得很勤。但是在此之前，我從未聽說冰島也有禪佛教的消息。即使對冰島（Iceland）這個地名，僅知那是北大西洋中的一個島嶼，從地圖上看，它的北邊靠近格林蘭，至於其他有關的知識，我是一張白紙。雖有一部名著小說《冰島漁夫》，曾被譯成中文，我也未曾讀過。

因此，我約這位禪行者衛史呑・羅特維克森先生，作了一個小時的談話，讓我知道並且增加了對於冰島及他個人的認識。冰島面積相當於古巴那麼大小，人口則少得多，僅有二十五萬。原爲丹麥屬地，當歐洲戰爭一結束，便於一九四四年獨立，這位禪行者，也就出生那一年。

冰島天氣寒冷，每年的一月至三月，經常是攝氏零下一至十度，所以島上不生產稻米，麥子也產得極少，穀類多靠進口，但也可用溫室栽培，種植若干種類的蔬菜。好在全島的市區，均仰賴天然的地下熱氣，作爲取暖及烘乾和溫室植栽

▲左起第一位是冰島來的禪者。

之用，故也生活得並不艱苦。

冰島的居民最早是來自於挪威及愛爾蘭的移民，那是西元第九世紀的事，迄今也很少異色人種，僅二十來位日僑及一百來位越南難民，是來自東方，其他清一色是西方的白種人。當地居民的百分之五十以上靠漁撈爲生，故其百分之八十的大宗輸出產品，便是魚類，魚類之中的鱈魚（Cod）便是該島的特產和名產。這位禪者雖然自稱是不吃肉的素食主義者，但他也與同為島國的日本人的觀念相同，認為只有牛、馬、豬、羊、雞、鴨等陸地動物才算作肉類，水中的魚、蝦還是可吃，特別到了冬天，他為了禦寒，需要吃少量的魚。

我問他：「如果我這樣的素食者去冰島，到了冬天一定會凍死吧？」他馬上會意，笑說：「不會。」我問起他冰島有多少佛教徒？有沒有佛教的組織？他說不多，西藏系的佛教徒只有兩人或三人而已，日本系的佛教徒則有兩派，第一是日蓮正宗創價學會，也只有一百多人，第二就是他自己的團體坐禪會，只有十五人。因為冰島是一個基督教的國家，從挪威傳入以來已有一千年的歷史，僅僅少數是天主教徒，可是對於東方新近傳到的佛教，雖然感到奇怪和不習慣，但也不會強烈的排斥和壓迫，因為他們的公民義務教育是九年，多半有受到高中乃至大學教育的機會，所以不會過分保守，他們可以從書本或雜誌等媒體得到新的消息。

我問起他的學佛因緣及修行的經過，他說他原來是一位心理醫生，現在是做社會服務的工作，為一個戒酒的組織服務，那兒一次可容納四十多位酒精中毒的患者。他發現藥物及心理治療的方法，雖然有用，但他相信應該還有更好的方法。因此從一九八二年秋開始，自己用心理實驗的立場練習靜坐，發現對他很有用。接著他看到了兩本對他影響很大，而且使他有了改變的書，那就是印度的瑜伽及南傳上座部有關修行毘缽舍那（觀）的方法。從此以後每天早上靜坐二十分鐘，連續兩年。他在靜坐中有了安靜、落實、和平的體驗，而在平常生活中偶爾也有這樣的經驗發生。因此使他產生了兩種心理的反應：

（一）對打坐產生了貪著心，每天會連續坐上幾小時，並且希望早日發現自己的佛性。

（二）希望早日找到一位名師，能夠幫助他很快找到他自己的佛性。

所以一九八四和一九八五的兩年之間，也讀了很多的佛書，其中最使他受用而且影響他最深的是鈴木俊隆老師所寫的書籍《禪心初心》，其次是西藏喇嘛掘隆巴的著作也給他很多的啟發。可惜鈴木俊隆在一九七一年就過世了。一九八七年掘隆巴仁波切也捨報了。他覺得自己更適合走禪的路，所以在一九八五年夏天從冰島到達美國的加州，參訪了鈴木的傳人，那是華裔美國人關寂照老師，在他的蘇諾瑪山禪中心一住就是兩個月，也參加了一次精進的Retreat（日語「接心」的禪期），從此以後每年夏季都會到那兒過兩個月的禪堂生活。甚至於一九八九年五月到一九九〇年二月之間，一住就是九個月。同時他也在一九八六年把鈴木的那本著作《禪心初心》翻譯成冰島文（Icelandic）在冰島發行。就從當年起，他也在冰島成立了一個坐禪會（Zen Group），同時從一九八七年起每年四月和五月關老師會去冰島爲他們主持一次禪期。

他們坐禪會的總共十五位成員之中，經常去參加活動的只有八人，但他們每一位都會在家裡面每天定時打坐。每週有兩次共修打坐，是借用一個遍於歐洲的慈善組織叫作神智學社（Theosophical Society）機構的一個大房間，那是由於一九八五年，那個機構邀請衞史呑做了一次題目叫作「禪」的演講，很受欣賞，所以免費提供場地，協助坐禪的活動。他們的成員之中雖然只有四或五人能讀英文書，其他的也能通過字典幫助，看懂英文，所以對於佛教的書籍頗有飢渴之感。

我問他既然已經親近關寂照老師五年多，爲什麼又到我們這裡來參加禪七？他說是因爲在三年前讀到了我們紐約禪中心翻譯出版的英文《開悟的詩偈》（*The Poetry of Enlightenment*），特別是其中石頭希遷的〈參同契〉最讓他心折。所以雖見不到石頭本人，也想見見那位譯者的禪風，同時又讀到我於本（一九九〇）年十月應關老師邀請去訪問的消息。因此他花了八百元美金的機票，經過了六個小時的飛行，遠道趕來紐約，參加我們感恩節的禪七。

我又問他：既很喜歡穿著僧侶的服裝，是不是很想成爲日本式的禪師呢？他說：去年關老師也跟他提起過同樣的問題，要他成爲僧侶並且傳法弘法，可是他認爲那樣的時機尚未成熟，因爲他還沒有禪宗所說「安心」的經驗。而且在兩年前他已發了願：「若不徹悟，不爲人師」。所以他在禪修和佛學方面要更加努力。同時他又說，不爲人師並不等於不勸人來接觸禪法、接受禪法。所以他於一九八六年就在他的國家，創始了坐禪會並且翻譯了禪書，今後他還會繼續努力。

四五、到美國十五年

我於一九七五年十二月十日，由東京飛到美西舊金山，同月十六日再飛到美東的紐約，過了陽曆年就一邊幫忙美國佛教會大覺寺的寺務，同時由沈家楨先生資助，幾乎每天搭乘地下鐵路至城中區補習英文，達二百多個小時。

一九七六年一月二十五日，我生平第一次借大覺寺以禪者身分爲中西人士指導禪修的基礎方法，然後即於每週日午後，由我負責禪坐活動，西方青年，日漸增加。

同年二月一日的週日法會，由我宣講《大乘遍照光明藏無字法門經》，此乃我到美國後的初次弘講，對象是該寺二十多位信眾，僅二位是西方人。

同年五月三日，正式開班，次第學習禪坐課程，每週一課三個小時，共十四週，至八月七日結業，學生僅得四位，三位西方青年，一位中國青年，到目前爲止，其中尚有兩位，還經常參加我們的修行活動，並且擔任我的英語翻譯，那便是王明怡及保羅．甘迺迪。

同年八月五日，美國佛教會爲了慶祝美國建國二百週年紀念，到新罕布夏州

（New Hampshire）的松壇廣場露天大教堂，啟建四百多位中西方人士參加的大法會，我與沈家楨先生同被推爲大會的演講人，我那篇講稿，後來被收在一冊中英文對照《禪》的小書中。

同年九月十五日，先師東初老人，從臺灣來美訪問，至十月上旬，僅二十來日，分別住於大覺寺及東禪寺。並於九月二十四日陪伴參觀沈先生的菩提精舍及世界宗教研究院，翌日訪問紐約大學石溪校園、哥倫比亞大學等地。並於十月三日應邀在大覺寺開示，他除了讚歎沈家楨弘護佛法的功德，並列舉近代居士對佛教的貢獻，同時建議應當培訓弘法人才。

同年九月十九日，美國佛教會召開第九次會員大會年會，我被選爲新任董事，兼副會長及大覺寺住持職務。此乃我有生以來第一次擔當住持寺院及教會行政的工作，我到美國之初，原希望多充實自己，結果是自此之後，便走上了積極弘化的路程。

我在美國佛教會，一直住到一九七七年十二月十六日清晨，爲了東初老人圓寂於臺北，而不得不請假火速搭機東返，也就從此種下了告別美國佛教會的遠因。我在美國佛教會，先後整整兩年，除了受到沈氏夫婦的照顧，也向會長敏智老法師學到不少做人的道理；與我配合得最愉快的是經常抱病的日常法師；給我支援最多、愛護最切的是我在中國大陸時代的佛學院老師仁俊法師。在弘法及學習語文方面關心我最多的是趙曾玨教授。

我在那裡也接觸到不少來自各地的名人訪客，例如西藏大喇嘛大寶法王卡瑪巴以及特動活佛、陳健民上師、日本的佐佐木樵舟禪師、世界級名建築師貝聿銘博士等。無怪乎，當我辭職時，許多人爲我惋惜，離開了這樣好的環境。

我於一九七八年四月二十九日，處理完了臺北祖庭的寺務，回到紐約，而美國佛教會董事會，又給了我一份職務，決議將該會原設於臺灣新竹福嚴精舍的「駐臺譯經院」，遷至

臺北北投的農禪寺，由我兼任院長。結果由於我個人兩地往返，經費支出、人事管理、對譯經工作的進度，都很困難處理，同時我又擔任了中國文化學院的教職，更形忙碌，故對美國佛教會的任務，已感無能勝任。到一九七八年九月十七日召開的會員大會年會中，便提出了堅辭本兼各職的請求，並且獲得大家的諒解。到十月二日，就離寺返回臺北，而與美國佛教會的因緣，從此告一段落。

我在大覺寺期間的主要活動，而且影響深遠者，便是禪坐訓練班的開設。第二期的學生，已增加到二十多人，第三期十五名，且於開訓之日，皆授予三皈或

▲美東大乘寺的湖心亭。

五戒。因爲是用中英雙語教學，參加者多爲中美知識青年，接引了不少在學的學生，故有因緣連續應邀至哥倫比亞大學演講禪佛教，指導禪修方法，接著又被紐約區域電台**WBAI** 請去作了數次廣播問答。到了一九七七年五月十二日，便受幾位青年的懇求，並獲得沈先生的支持，借到他的長島菩提精舍，打了第一次禪七，至五月二十日圓滿。那次參加的人數，連我一共九位，其中包括日常法師、王明怡、保羅．甘迺迪、丹．史蒂文生等，直到今日尚未退心。僅三位中國人，其他六位都是美國知識青年。這是我有生以來第一次擔任主持禪七的老師；也是促使我自此之後與指導禪修的工作，結下了不解之緣的開始。那次禪七，因爲人數少，照顧容易，大家也都有心用功，所以感受相當深刻，有一半以上從此打下禪修的基礎及信念，迄今未曾退失。

由於前來參加禪修的人數越來越多，而且多半感到對他們有用，故在第三期禪訓班結業典禮上，幾乎每人都有非常感人的報告，將錄音帶經過整理或重新執筆成文之後，便選了其中的十篇，由學生們自行編印成爲一冊，命名爲*Ch'an Magazine of the Special Ch'an Class*《特別禪班的禪雜誌》，那是一九七七年三月間的事。到了同年七月底，學生們發行第二期《禪雜誌》，是以第一次禪七的心得報告爲主，加上我的兩篇簡短開示，爲其內容。嗣後便以季刊的型態向國內外發行，第一期五百份，第二期美國國內六百二十一份，國外五十二份。這份刊物到一九九一年三月，就要滿十四週歲，它的發行地區，已達全球的二十九個國家及地方。

禪訓班第一期的美籍學生保羅．甘迺迪，到了一九七八年五月十四日慶祝佛誕節的下午，他便發心在大覺寺求度出家，由我主持剃度儀式，法名果忍，典禮隆重莊嚴，乃爲大覺寺成立以來最富特色的一樁喜事。另外一位美籍女眾凱倫．藺（Karen Zinn），則於我們成立禪中心之後的第二（一九八一）年的農曆四月初八日浴佛典禮午後，發心求度出家，法名果閑。這兩位青年，資質都很優秀，雖然費了我不少心血，但這也是我要在美國留下來的主因之一。縱然以現代美國人的性格和心向，註定了難以終身出家，他們在三年及兩年之後，相繼還了俗結了婚，但我所投注的心力卻並未落空。

正因爲有了美籍的出家及在家弟子，要求我仍留在美國，故於一九七九年四月從臺北回到紐約，先在菩提精舍小住數日，弟子們覺得距離太遠，所以把我請到紐約市，每天與果忍比丘，師徒兩人背著背包行腳於風雪挾雨的大街小巷，晚上則輪流住宿於學生及信徒的家裡，白天不是外出教人禪修，便是尋找能夠讓我們落腳的住處。買房產的念頭不敢動，租房子的能力也極微，因爲當時我的身上僅有七百美元。曾向一位長老的道場要求掛幾天單，得到的反應是非常客氣地說：「別說笑話，像你這樣的大法師，怎會住我們這樣小的地方。」

我們很感謝東禪寺的浩霖法師，不但允許我們師徒掛單，而且還說：「就把東禪寺當作你自己的道場好了。」我們兩人就此在他的孔子大廈，一住四十多天。結果是在六月初，我們找到了皇后區林邊（Woodside）地方一棟住家的二樓，月租三百八十美元，由沈先生代我們支付了七個月。同年的十月，我從臺北回美，一方面發行《禪通訊》（*Ch'an Newsletter*）英文月刊，同時以四萬五千美元的低價，在紐約市皇后區艾姆赫斯特的可樂那大道，買進了一棟二層的破舊樓房，沈家楨先生捐助五千美元，應行久夫人捐四千美元，仁俊法師也助了一臂之力，我就以這麼多的現金為頭款，由我的在家弟子馬宜昌及蔡惠寧夫婦擔保，用分期付款方式，得到一個道場。一九八〇年一月，我們先從一位房客收回一間房，便正式搬進了這棟建築物。另外兩戶房客，樓上是兩位中國神父，住了半年多始遷出，樓下的店面是一個汽車機件修理廠，一直到一九八〇年冬天才搬走。經過全體學生及弟子的整修，至一九八一年五月，這棟房子才完成了開幕及佛像開光典禮。

在美國的法律是保障房客居住的權益，不論有無租約，也不論住了多久，只要房租照繳，便不得令其遷出，房租漲價也有限額的比例，所以有些地區的房主，弄到焦頭爛額，無法維持，只好棄屋而逃。我們對那兩戶原先的房客，雖然請了律師寫了存證信函，也是毫無辦法。總算佛菩薩保佑，在一年之內都讓了出來，眞要感謝他們。

另外，我們成立一個非營利性質的社團組織，也相當困難，曾申請兩次，都被紐約市政府打回，第一次是文件不完整，第二次是我們的名稱「中華佛教文化館」的英文，用有Chinese Culture（中國文化）的字樣，政府主管部門發覺已有一個天主教的中美文化協會的英文，正好也將「中國文化」連用，故要求我們首先徵得該會的同意。結果可想而知，天主教會不知我們這班佛教徒是何許人也。這樣的事，在西元一九八五年，於臺灣申請「中華佛學研究所」立案之時，也曾遭遇到相同的瓶頸，一所在我們之前立案的佛研所，不同意我們用中華的「華」字。可見，不論異道或同道，不僅希望作「第一」而且但願作「唯一」的人物，大致都會遇到。不過我的原則是：若不能夠據理力爭，便將自己設法變通。故在國內贏得教育部的首肯，在紐約則將 Chinese 改爲音譯的Chung-hwa（中華）。只要堅定信念，勿在阻撓的困難之前跪地求饒，而以努力及毅力來促進因緣的成熟，滴水能穿石，凡夫得成佛。因此我反而要感謝他們給了我歷練的機會。

我們雖已有了一棟破屋，卻未改善貧窮的困境，除了我從日本帶來的一千多冊書，可謂家徒四壁，沒有桌椅、沒有床鋪、沒有廚具、連打坐的布墊也沒有，於是在每天傍晚上馬路邊拾荒。紐約這個大都會也眞可愛，沒有錢去店裡購買，路邊便可撿到我們所需要的東西，包括蔬菜、麵包、水果。直到現在，我們尚有幾樣工具和桌椅是當年從垃圾堆中撿來的。

我們不僅缺錢，也缺人手，在紐約跟我學過禪坐聽過課的東西方人士，已有四千多人，但是美國社會的流動性大，自始沒有離開的基本會員，並不很多。尤其是早期的兩位美籍出家弟子，由於和我生長的社會背景互異，生活習慣不同，彼此學習適應，都得付出很多耐心，我要從如何買菜、煮飯、穿衣、洗補教起，然後課誦、唱念、法器的練習，同時彼此互相學習語文，他們跟我練習翻譯經典，熟悉佛教徒的禮儀以及僧尼的威儀。這兩位青年聰明好學，並且原先已有了中文及佛學的基礎。可是共住兩三年之後，便分別離開了。東初禪寺因此而遭遇了無人看守的困擾，當我回紐約期間，不會沒有人來，當我回去臺北的時段，曾經幾乎要關門大吉。幸好每當緊急關頭，便會有人進來暫住照顧，在一九八三年至一九八六年之間，先後曾有李佩光、程麗梅、程麗櫻、石昭嫻、茜拉、瑪拉，還有越南籍的清海比丘尼等爲東初禪寺常住的住眾。

其中以李佩光及清海住的時間較久。李佩光先讀紐約大學，後改哥倫比亞大學，她住寺期間，曾爲東初禪寺寫過兩篇報導性的文章，刊於《人生》。清海則於一九八四年四月從臺灣隨我到達紐約，原打算長期追隨，對我極其尊敬，把我形容成爲透明的佛陀。這也正是她的問題所在，她學得很雜，到的地方很多，曾嫁給德國醫生，持的是英國護照；也在印度學過西藏密教及印度教，後來又學錫克教，所以初見我時，讀我的書，聽我演講，特別到紐約後，將我多年來各種課程的錄音帶聽了一遍又一遍，認爲我也有與那些古魯活佛同等的智慧，所以願意一直在東初禪寺住下去，結果到了一九八五年，她向移民局申請長期居留身分時，由於在表格中填錯兩個字而遭拒絕。當她確定無法留在紐約之後，便開始用她學自錫克教的五字祕咒，給人「印心」了。接著下來不到兩年光景，清海的名字竟然轟動臺灣，成了「喜馬拉雅山來的大師」，不久又自尊稱爲「清海無上師」，把佛教、基督教、印度教、回教、錫克教，混雜一起，神佛不分，而又認爲超越神佛，實則她已不信佛教，而已自創一派新宗教，並以教主自居了。

一九八六年起，清海離開我們之後，加拿大的華僑張繼成居士由於參加數次禪七，便發心在東初禪寺出家，法名果元，畢竟他是中國人，觀念心向都比較容易跟我配合，心理也比較穩定。我們東初禪寺因此進入了另一階段。一九七九年至一九八五年，人事很不安定。自此一九八六年起道場日漸擴展，我漸漸地以在職訓練的方式把一些事務及寺務的工作交給果元處理，爲我擔負起來，且於一九八七年及一九八九年間，兩度購進寺舍，第一棟三十九萬美元，第二棟二十九萬美元，皆由他照顧整修。否則我恐怕只有放棄美國道場的一條路可以選擇了。目前的東初禪寺經常有四至五人，三至四位是出家眾，除了我和果元法師，尚有果稠法師及果順比丘尼，都是學有專長的知識青年，在國外能有這樣多僧眾的中國道場，還不多見。

四六、出入學府在北美

在臺灣，二十年前的大學校園，出家的僧尼是不准進去的，不僅不准弘法，連穿僧裝讀書，都會受到排斥。可是我到北美後，很快就受到各大學的主動邀請，而且指定要講禪法及佛教。西方人以為唯有佛教的法師講的佛教，才代表佛教，唯有指導禪修的人講禪法，才能信賴其正確可靠。因此我在北美的時間，除了於寺內開課、打禪七，也常去各大學演講佛法指導禪修。有些是由學生組織發起的活動；有些是授課的老師請我在他們的課堂現身說法，使學生有眞實臨場的感受；有些則是由幾個系或幾個社共同聯合邀請，給他們做百人以上的集會演講；也有些是某些特定主題的研究會議，請我去擔任佛學或禪學的項目。

現在將歷年來我去各大學演講弘法的情況，製成一表如下，供作參考。過去十五年間，總計受到三十二所大專院校的邀請，一共進出八十五次，足跡所至則有美加兩個國家，在美國國內則到了十四個州。

（本文初稿完成於一九九〇年十二月十八日，增訂完稿於一九九一年元月三日，紐約東初禪寺。）

聖嚴法師在北美各大學演講一覽表（一九七六－一九九〇年）

大學名稱	年月日	講題	所在地點
多倫多大學	一九七七、三、二十三	日本佛教之不同於中國佛教的諸問題	加拿大多倫多市
	一九七七、三、二十四	禪的佛教、禪與日常生活	
	一九八四、十二、十五	處處是禪的現實生活	
	一九八八、五、七	中國禪與今日北美生活的關聯	
哥倫比亞大學	一九七六、十一－十二月（共五週）	初級禪坐訓練十課	紐約州
	一九七七、四月	禪坐與生活（四週四課）	
	一九七七、七月	禪坐與生活（四週四課）	
	一九八〇、十一、六	禪修	
	一九八一、四、二十四	禪修是必要的嗎？	
	一九八一、十一、二十	禪宗史及禪門次第	
	一九八三、十一、十七	禪與空	
	一九八四、四、二十七	從靜坐到禪	
	一九八四、十一、十五	頓悟與漸悟的意義	
	一九八五、一、七	禪佛教的基本理論及其實際修行	
	一九八五、十一、十九	禪的基本認識	
	一九九〇、十一、六	禪的理論與方法	
紐約大學	一九七九、十一、二十九	禪	紐約州

	一九八二、十一、二十二	禪與神祕主義	
亨特爾學院	一九八〇、五、八	定、禪、佛果	紐約州
	一九八一、五、五	禪的理論與實踐	
	一九八一、十、二十九	道教、禪與其間的關係	
新社會研究學院	一九八〇、十一、五	中國禪	紐約州
	一九八一、十二、九	中國禪史	
	一九八二、十二、八	中國禪宗的演變	
	一九八三、十一、十六	禪與無分別心	
	一九八四、十一、十四	禪修的歷史及其層次	
羅特格斯大學（＊本書譯為羅格斯大學）	一九八一、四、二十八	禪的理論與實踐	新澤西州
	一九八一、十二、八	禪修的方法	
	一九八二、十二、六	坐禪的次第	
	一九八三、十一、十三	禪的理論與實踐	
	一九八四、十一、十一	禪坐	
	一九九〇、十一、十四	《壇經》的思想	
新澤西州立大學	一九八五、十二、七	禪與修行	新澤西州
曼哈頓學院	一九八一、四、三十	禪的理論與實踐	紐約州
聖約翰大學	一九八一、十一、七	佛教特色	紐約州
	一九八九、五、二	佛教空義、禪的悟境、修行次第	

紐約市學院	一九八一、十一、十二	禪	紐約州
佛羅里達州立大學	一九八二、四、十二	佛教要義	佛羅里達州
佛羅里達農業機械大學	一九八二、四、十二	禪的精神	佛羅里達州
曼哈頓維里學院	一九八五、十一、十五	禪佛教	紐約州
普林斯頓大學	一九八六、六、十三—十四	禪在日常生活中	新澤西州
哈佛大學	一九八七、六、六 一九八八、十一、十一 一九八八、十一、十二	禪的傳承與創新 明末的中國佛教 禪與悟	麻薩諸塞州
羅爾大學	一九八七、六、五 一九八八、十一、十一	禪與現代人的生活 時空與生命的超越	麻薩諸塞州
巴特魯大學	一九八七、十一、十七 一九八九、十一、六	禪師與禪院的修行生活 禪的修持及其功用	印第安那州
伊利諾州立大學	一九八七、十一、十九 一九八九、十一、八 一九八九、十一、九	禪師與禪修 禪修基本觀念與方法 《法華經》在中國佛教中的信仰和修行	伊利諾州

愛荷華大學	一九八七、十一、二十 一九八九、四、二十四 一九九〇、四、十七 一九九〇、四、十八	禪修及其理論 禪的修行 禪與靜坐 禪悟之實踐過程與體驗	愛荷華州
緬因州立大學	一九八八、十一、十六	什麼是禪？	緬因州
紐約大學布魯克林學院（＊本書譯為紐約市立大學布洛倫學院）	一九八八、十二、十二 一九八九、十二、十三 一九九〇、十一、八	靜坐對於心理的利益 禪文化在中國 從禪的傳統談人類意識	紐約州
德州大學奧斯汀校區	一九八九、一、六—七	禪與人生	德克薩斯州
明州大學聖保羅校區	一九八九、四、二十七 一九八九、四、二十八	時空與生命的超越 禪的理論與實踐	明尼蘇達州
明州大學明尼亞波利斯校區	一九九〇、四、十八	禪與靜坐	明尼蘇達州
威州大學麥迪遜校區	一九八九、四、二十九 一九九〇、四、十九	禪與生活 禪坐	威斯康辛州
威州大學密爾瓦基校區	一九八九、四、三十	禪宗入門	威斯康辛州

特波大學	一九八九、十一、九	出家與在家之修行生活、悟境之層次與性質、佛教與基督教解脫觀之同異等	印第安那州
密西根州立大學（＊本書譯為私立密西根大學）	一九八九、十一、十 一九九〇、十一、十四	現代中國禪林生活及我個人教授禪學的經驗 佛教復興在現代臺灣	密西根州
西東大學	一九八九、十一、十六 一九八九、十一、十七 一九九〇、五、一	禪與悟、禪與瑜伽 禪的生活、禪的體驗 禪與坐禪	新澤西州
華盛頓大學	一九九〇、四、十七	禪與日常的藝術生活	密蘇里州
維伯斯特大學（＊本書譯為衛勃斯特大學）	一九九〇、四、十七	無常與死	伊利諾州
蒙克萊學院	一九九〇、四、三十	禪修與學習效能	新澤西州
加州大學柏克萊校區	一九九〇、十、二十二	臺灣在家佛教的訓練	加州
史丹福大學	一九九〇、十、二十四	禪修的理論與方法	加州

＊編案：表格已於二〇一六年四月依據《聖嚴法師年譜》修訂，校名及講題譯名與原書略有不同。

附錄一

沒有床的大家庭

李佩光

來美匆匆已近半載，卻勾不起許多鄉愁，或許是禪中心太溫暖了，即使在寒冷的季節，仍不覺此地是異國的冬天。師父、何士德所給的溫馨，禪中心會員可愛親切的笑容，使海外遊子忘了細數絲絲的懷思。

禪中心本身就是一個大家庭，會員們彼此經常聯絡、互通消息、互相幫助，有事沒事打個電話問聲好，大家心中總是那樣充滿愉悅與關懷。高興時就來禪中心住上兩天，麵包牛奶麥片招待，仍是吃得舒舒服服、歡歡喜喜，睡地板住地下室，仍是一覺到天明，大家如此自在，如此安適，也實在難得了。禪中心的好處看起來不多——沒有個人的房間，沒有一張床，也沒沙發等家具，全部睡地板上，每天早餐幾乎都是一樣的牛奶、麵包、麥片粥，午餐也只有三樣菜，晚餐雜食。一切雖如此簡單，卻更顯出禪中心的特色：樸實有致。禪中心常住的人數雖少，卻在清淨、精進、和樂的規律中互策共勉，每日作息毫不馬虎，誰要是早上賴著不起身，就準備接受共住規約的處罰，四點半非起身不可。我這個一天非睡八小時的人，現在也不覺得少睡些有什麼困難了。這裡的早晚課和臺灣差不多，唱誦的是中文，即使有美國人參加也如此，其實他們倒蠻喜歡唱誦的呢！大家把禪中心當作第二個家，想想就把東西往這裡送，吃的用的，物雖輕而心意濃。有時水電、暖氣、門窗乃至房子壞了，需要修理，會員們總是義不容辭，只要打電話服務就來。有時禪中心需要用車，有車的人都會慷慨地借用，並且時常先加滿了油。看！這是多可愛的大家庭！師父是家長，大家對於禪中心比他們對自己老家更有向心力。

師父是禪中心的靈魂，中國人、美國人都喜歡找他。美國弟子對師父的敬重是不下於中國弟子的，見面同樣是合掌問訊或頂禮，而師父總是親切的與他們寒暄。國籍、種族的差異，在師父與弟子之間是不存在的，因爲這些都被深刻的心靈交流與彼此的關注融化了。在禪七期間，大家尤其喜歡藉小參的機會向師父一吐胸口鬱積，大家從師父身上得到的指導、溫慰、慈悲的關懷，是無可比喻的，每有問題向師父傾訴，總是滿心歡喜而歸。這次師父從東方回美時，體力衰弱，此間的中美弟子們，都爲他老人家祈求，恢復健康、常住世間。師父在美國有較多屬於他自己的時間，平常大家不大打擾他，因此他可以專心修行、看經、寫文章。最近聽說要完成幾篇研究性的論文，看他那麼勤懇、認眞、從不休息，於心實在不忍。可見師父在臺灣很忙，但是在此地也不會閒，我想唯有像師父這樣堅毅的人，才能如此。師父不斷耗用他的身心，爲的是使佛法能傳佈的更深、更廣，作爲深受其惠的弟子，怎能不思之而感激涕零？

禪中心有兩種定期的英文出版物，《禪雜誌》季刊及《禪通訊》月刊，內容是禪七心得選載、中文佛典的英譯、師父的講稿及古代佛典的講釋，也有簡短新聞的報導。最近師父也在此間出版了一本英文書《佛心》。

禪中心是在安定平穩之中成長與發展，師父在的時候，週日法會，來聽經的以美國人居多，多的時候也有六、七十人，聽說去年的佛誕節，到了一百五、六十人。去年耶誕節的禪七，也有二十多人，把禪堂位置幾乎擠滿了。師父對美國人參加禪七的條件，比國內嚴格，如果沒有打坐的基礎，是不會被錄取的。

禪中心，在師父留住期間活動頗不少，除了每週日有誦經、念佛、午供、講經及上下午的打坐外，每週二有坐禪會，週三有教師訓練班，訓練一批以美國人居多的助手，將來可以幫助弘揚佛法，參加的人均打過多次禪七，程度都很不錯。週四有佛教哲學班，這次師父講的是唯識，下次將講中觀。另外還到各大學及電臺去講演。我覺得師父在美國不但講經比在臺灣講得更好、更深入而有趣味，就是講課也講得深入淺出，而使聽者在津津有味中更體會佛法的廣大精深。

我深深慶幸得以住在禪中心，不會錯過師父的任何一次演講。美國人對佛法的認識有許多是從哲理上進入的，因此他們對佛理的探求並不如想像中膚淺。他們不但願意繳費來上課，而且有些人爲了便於親近師父，特別將住址搬到禪中心附近來。這使我感覺很慚愧，書讀得太少了，與美國人的求知精神相比實在不如。談到美國人打坐，認眞的態度也超過這裡的中國人，不少人已有多年打坐經驗，而且至今仍每日打坐數小時，實在難得。

禪中心大殿上的三尊佛像，莊嚴而宏偉，很具一番氣象，凡進禪中心的人，馬上就被佛像所散發出的莊嚴寧靜氣氛吸引了。師父在美國幾年來的努力，已經使禪中心漸具規模，若不是師父臺灣、美國兩邊跑，師父就可以在這裡上更多次電臺，到更多大學演講，舉辦更多活動，相信禪中心早就更活躍了。不過話說回來，老是依賴師父是長不大的，因此這次師父回臺灣，我們教師訓練班的人已經計畫自己登廣告招收初級靜坐班的學生，由我們自己教授，這樣一方面不但可以持續禪中心的活動，另一方面也給自己練習教學的機會。將來可能的話，一些美國弟子還可以設立禪中心的分中心，把佛法散布到更廣、更遠的地方，這是禪中心的理想，也是我們努力的目標，相信禪中心的遠景是光明的。

（《人生》月刊第四期，一九八三年三月十五日刊載）

附錄二

夢中的拓荒者

李果然

去年曾在英文的《自由中國雜誌》上，讀到聖嚴法師的美國弟子司徒儒（Michael Stroud）在臺灣所寫的一篇文章"The Root Heritage of China Buddism-1500 Years Later"，其中介紹了師父及北投農禪寺的情形，不禁想到臺灣以及其他地區關心師父的人，必然也希望知道師父於美國開創的經過，因此訪問了師父，蒐集一些重要的資料，將師父在美七年半來篳路藍縷的一段歷史，整理出來，讓關心的人們知道海外弘法工作者所擔負的艱辛與曲折。

大覺寺時代

聖嚴法師在美弘法至今，可分三個時期，第一期開始於一九七五年十二月中旬，受美國佛教會沈家楨先生的邀請由日赴美。當時師父甫獲博士學位，論文亦已出版，且代表海外學人參加了國建會，因此美國佛教會對他期待甚深。抵美後，大覺寺（美國佛教會）計畫發行雜誌，內定師父爲主編，但師父以爲，雜誌用中文印行，其撰稿者及發行對象都將考慮，若只限於在美的華人佛教徒，則人數太少，而臺港等地的中文佛刊又已經很多，若改以英文發行，將可令佛法在美生根。可惜師父不懂英文，故亦不能勝任。結果出版雜誌之事遂告暫停，旋獲沈先生資助入語言學校學習英語，前後經過一年半的時間。同時並協助大覺寺當時的住持仁俊法師，負起了講經等弘法工作。初時弘法對象均爲華人，漸漸有美國青年至大覺寺請問禪之修行方法，據說在師父未到美國之前，大覺寺的副住持日常法師，正在策畫教授美國青年如何靜坐。師父至美後，初只願以道友的立場襄助日常法師。後來由於因緣使然，反而日常法師在這方面竟成了協助師父最有力的幫手。

一九七六年擔任了美國佛教會董事，未幾又擔任大覺寺住持及美佛會副會長一職。

一九七七年五月，舉行師父在美國主持的第一次禪七，參加者以美國人爲主。接著又舉辦了四次禪七，均假沈先生幽美的菩提精舍舉行，那是一個非常良好的修行場所。每次參加人數僅十多位，但皆經過精選，成績斐然。並且以數位中美弟子爲中心，出版了英文季刊 *Ch'an Magazine*《禪雜誌》。

一九七七年冬，由於師公東初老人圓寂，遂辭去大覺寺住持及副會長職務返臺。回臺後諸事繁忙，並擔任起美國駐臺譯經院院長職務，遲至半年餘後方得再次赴美。此時大覺寺已另請一比丘尼爲住持，師父暫住菩提精舍。然精舍離紐約市區太遠，大覺寺的中美弟子無法隨師父去精舍學習，因此紛紛請求師父再回市區安住。於是師父攜同美國出家弟子果忍法師（一九七七年佛誕節於大覺寺剃度）暫時住中國城的東禪寺浩霖法師處，同時借用一位在家弟子的住宅作爲上課教禪之用。而由於講經等活動，師父也每每背著睡袋，到處爲家，歷時約三個多月。

林邊時代

師父在美既缺乏固定的道場，在臺又兼任文化館館長及中國文化學院教授之職，每三個月總得臺、美二地奔波一次，備極辛苦，因之極望終止赴美。然紐約弟子們苦苦哀求，並有馬氏夫婦每日開車載師父四處尋找可爲道場之住屋，摯誠感人。其時師父身上錢很少，實不敢奢望購屋，若大一點的房屋亦只夠一個月的租金及押金。雖然如此，弟子們熱誠不減，奔波二月餘，仍未找到適合購買的房子，卻在紐約皇后區的林邊（Woodside）先租一層房子，成立了禪中心。林邊的房子係一棟二層樓住家建築，禪中心租下低矮的第二層，租金爲每月三百八十美元。幸而沈先生發心支持了全部租金，從此算是有了落腳之處。師父當時的艱辛，可想而知。然而這只是開始，諸多事務，仍待開辦，例如打坐的坐墊，即所幸中國城一位太太發心而得到解決，禪活動於是在此小天地中展開。然而此間房子除了師父的書及坐墊外，一無長物，非但桌椅，連餐具也無，熱心的弟子們從馬路邊撿回些破舊用具，並架設了小型的佛壇，禪中心方稍具規模。當時有一位慕名來訪的美籍神父，見到如此簡陋的禪中心，便問師父：「如此清苦，目的何在？」師父的回答是：「不爲什麼，只爲使需要佛法的人，獲得佛法的利益。」師父對禪者生活的原則是：冬天但求不凍死，平常但求餓不死。不僅草創道場時如此，應該永遠如此。當時之飲食，確實粗陋，不僅購買最便宜的食物，有時甚至到果菜食物的集散市場去拾回丟棄了的果蔬及麵包、洋山芋等果腹。

於此期間，師父曾借沈先生菩提精舍，及美東佛教會應金玉堂居士的大乘寺打禪七，每次弟子們都精進非常，深知師父在美難得之故。此段林邊時代，以經濟及人力言，實在無法做太多事。然而許多人殷殷希望，大覺寺時代出版的英文《禪雜誌》能夠復刊（一九七七年三月創刊，至離開大覺寺已發行至第七期）。爲滿眾人的心願，一九七九年十一月開始發行英文《禪通訊》（*Ch'an Newsletter*），每月發行一次。此時沈家楨先生也感到高興，對師父說：「不管如何，你又開始了。」《禪通訊》出版之初，既無打字機，又無固定編者，每期均由不同的人負責。其特色，不在新聞性，而以師父的講稿爲主。在此之前師父即經常演講，但都沒有編成英文文章。如今終於能藉《禪通訊》，將講稿變爲文字記錄。發行對象爲曾隨師父學習之人，及對佛法和禪有興趣者，遍及全美諸州及加拿大。

東初禪寺時代

林邊時代，師父及弟子們仍不斷尋覓一較佳道場，至一九七九年秋終於找到現在紐約皇后區愛爾姆斯特（Elmhurst）的一棟二層樓建築。然而那時經費既缺，又無購買資格，因分期付款須向銀行貸款，並須具有固定職業收入者。幸而弟子中有一對夫婦具足購屋貸款的資格，先由他們承購，再轉給禪中心。頭款由沈家楨先生捐助五千美元，大乘寺應太太捐助四千美元，一位中國學生捐助五百美元，另一位黑人弟子捐助二千美元，仁俊法師也幫了忙，問題總算解決了。這棟房屋雖極老舊，窗破門腐樓損，但因爲價錢很便宜，高度亦夠作爲佛堂禪堂之用，因此仍不失爲暫時弘法的理想場所。此屋面臨大街，第一層原爲一汽車零件修理廠房，油煙甚多。購屋之後，二樓兩個公寓單位仍住有一位神父及一位教員，汽車廠亦照舊。三家之中唯汽車零件廠訂有租賃合同，尚有一年到期，而三家均拒搬，折騰許久，方於一九七九年十二月三十日，收回樓上一小間，便將禪中心搬到了現址，至一九八〇年夏始收回全部建築。

接下來，爲重整房屋，花費許多人力物力，達一年之久。原來雜亂不堪的地下室變為乾淨的大廚房及餐廳，樓板及牆壁均再加上一層，電燈、瓦斯、水道亦全部改過，另添加數個衛生設備，並將暖氣系統由燃油改為燃瓦斯。所有工程，除地下室外，均由師父領導弟子們親自動手，材料及工程費共用二萬多美元，一九八一年春師父自臺灣募得三尊極為莊嚴的佛像，及裝修費用。一位臺灣的陳太太捐助了七千美元，其他所用經費，師父說都是觀音菩薩送來的。一九八一年佛誕禪中心新址開幕，佛像開光，陳太太特自臺灣趕來參加盛會。師父為紀念師公東老人的法乳之恩，特將禪中心的中文名字稱為東初禪寺。

東初禪寺（禪中心）成立之後，從此禪七再不須借用其他地方了。參加禪七的人，素質均頗不錯，有些人已有十多年打坐修行經驗，更有些認眞的會員，參加禪七已達十餘次，而且次次精進不退，實在難得。近三年來欲參加的人數激增，致有人被拒門外，因為一次最多只能接受二十四人。

禪中心經常的活動均由會員及弟子們共同熱烈地支持，遇到任何活動和法會時，中國弟子總很努力出錢做菜、送東西來，美國弟子則除了較少送菜來外，也出錢、出力、打掃。師父在禪中心甚少管雜事，弟子們都希望師父在此專心自修，並指導修行。因此三年多來師父在電臺上出現次數較多，演講亦較多，每年並有四次禪七，每週有一次幹部訓練班，一次佛教哲學班，及一次公開講經，另外尚有初級和中級禪課程。然而參加人數雖日漸增多，師父回臺灣時即又減少一些，因此弟子們均要求師父常駐在美。可惜因緣如此，師父亦無法專守一方。

前面曾提及《禪雜誌》（一九八〇年夏復刊）及《禪通訊》的發行，以禪中心有限的人力物力，能發行雜誌實在不容易。就今日美國的佛教團體言，若非有相當規模，則難有力量發行雜誌及通訊。現今美國境內包括西藏、日本、中國在內的佛教團體，發行雜誌者不到十個，可見禪中心以有限力量在傳播佛法上所作的努力。最近又由弟子購贈了一部電腦，不但可以用來編輯雜誌、打字，並能處理儲存各項資料等。禪中心的力量，又進了一步。

前不久，禪中心出版了師父的第一本英文書*Getting the Buddha Mind*《佛心》，這本書係由弟子們將師父的講稿彙編起來，另加數篇禪七心得而成。出版以來，已受讀者衷心的喜愛與推崇。從英文圖書架上看，中國人的著作不多，法師的著作更少。以英文不甚佳的師父，在美國能受到英語社會弟子的重視及擁護，實在難得。雖然師父自稱他是一個在夢中努力的拓荒者，而且是一個失敗者，但從上面的報導，實已足見師父的艱辛及他對美國佛教的貢獻。目前，師父的弟子們又在著手爲他出版第二部英文講錄了，我們將拭目以待！

（《人生》月刊第十二期，一九八四年七月十五日刊載）

附錄三

法雨普施在紐約

蘇妧玲

聖嚴法師在美國的道場及弘法的活動，在《人生》已經先後有三篇文章報導過。第一篇是李佩光執筆〈沒有床的大家庭〉，刊於第四期；第二篇由林宜璇執筆〈記紐約五彩繽紛的佛誕〉，刊於第六期；第三篇由李果然執筆〈夢中的拓荒者〉，刊於第十二期；另外還有一篇由高明芳執筆〈佛壇上的菩提葉〉，刊於《慧炬》。第三篇是寫到一九八四年的歷史報導，故在一九八四年以前的事本文不提。

弘法道場東初禪寺

東初禪寺的英文名字跟臺灣的中華佛教文化館（The Chung-hwa Institute of Buddhist Culture）一樣，是聖嚴法師爲了紀念他的剃度師東初老人，以及東初老人在臺灣建立的道場而命名的。但是它的人事組織跟臺灣的本館沒有任何關連，它的經濟也完全獨立。師父的原則是，不拿美國的力量支持臺灣，也不用臺灣的力量支援美國，以免互相牽制，彼此干擾。但在美國的弟子如果希望出家，可以送到臺灣的本館下院農禪寺，接受出家的生活教育；臺灣的信眾訪問美國時，也歡迎住到紐約的東初禪寺，即彼此是友誼的關係，而非從屬的關係。因爲美國的道場，開始是純以英語社會爲對象，弟子也以西方人士爲主，出版物都用英文發行，所以中國人很少支持，經費也極其困難。

最初購進原址二層樓房爲禪修道場時，師父身上僅有七百美元，故以極低價格購進破爛的舊屋一棟，率領弟子們，經過將近兩年的整理，總算有了可以容納二十人同時禪修的道場，而講經時最多也只能夠擺下七十個位子。但是到了一九八五年以後，聞名而來聽經學禪的中西人士日益增多，華人信徒突然增加，而且非常熱心。本來在師父每次回臺灣期間，東初禪寺除了打坐，沒有其他活動，由於加拿大華僑張繼成在東初禪寺求度出家，就是現在的果元法師，使得各種弘法活動，不論師父在與不在美國，都能照樣進行。後來又請到仁俊法師及李恆鉞教授，輪流擔任佛學講座。使得去（一九八七）年的佛誕慶典，到了二百多人，而顯得該寺的窄小；因此許多信徒以及美國的弟子們，希望師父在郊外購進較大的土地，興建一座具有規模的寺院。但是，由於師父沒有足夠的財力和人力，特別是在兼顧臺灣的研究所、文化館、農禪寺的情況下，也沒有足夠的時間在美國經營新的寺院建築，因此一直擱置。直到去年七月底，始由幾位居士自動捐款、貸款並協助勸募，而購進現在的這棟三層房；十月份賣出舊址，遷進新址。經過半年多的整修，完成地下室和佛殿的翻新。雖然還欠人家二十多萬美金，師父自始不願意向人伸手要錢，而且歡歡喜喜的在本年佛誕節，慶祝東初禪寺成立十週年紀念，以及新廈完成裝修的開幕典禮。

東初禪寺是向紐約市政府及州政府立案的，是非營利事業的宗教、文化教育的財團法人。董事會是由師父及其弟子七人組成，每年改選兩名，董事長由當選之董事互推，任期三年，始終是七人中保持四名西方人，但這也不是明文的規定，目前華人會員越來越多，這種情形也可能會轉變。入會的資格條件：第一，必須是師父的學生或弟子，參加過一次以上的禪七；第二，要親近師父兩年以上，並且經常參與活動；第三，沒有任何不良行為的記錄。

會員有權選舉董事及被選為董事乃致於董事長，所以他們就是主人。因此，雖然師父在美國的學生已經有數千人，皈依的弟子也有幾百人，會員只有三十幾人。如果會員不能經常參與活動，不能以人力或物力支持東初禪寺，便會被取消會員資格。如果不能參加活動，而能以經濟長期支援，得為贊助會員，卻沒有投票資格，但有列席會員大會的權利，也享有會員其他的優待，例如：免費上課、以及各項出版物的取得。

宣揚佛法各項活動

東初禪寺對英語社會通用的名字是禪中心（Ch'an Meditation Center）的意思。它的經常活動是，星期天上午的觀音會，以華人爲對象；下午是用中、英文雙語講經；然後打坐，共三種活動。中午則提供午餐，由熱心信眾們輪流打齋。星期二晚上，禪坐班；星期三晚上，禪坐課；星期四晚上，佛教哲學課；星期六晚上書法課。每年舉辦四期初級禪訓班，兩期中級禪訓班，四次禪七。其中最大特色和最重要的活動，不用說，是禪七。在舊址的時代，只能容納二十四人，去年冬天在新址打的兩次禪七，報名者都超過三十多人，本年五月底的禪七報名者則近四十人，他們分別來自加拿大、英國、香港、臺灣，以及美國各州，譬如說我本人就是因爲臺灣農禪寺的禪七不收寺外的人，所以特別來美國參加禪七。東初禪寺另外還有兩個活動：一個是農曆新年的法會，聚集當地華僑及師父的西方弟子們，共同集會誦經，討論佛法、觀賞與佛教有關的影片、錄影帶；另外一個活動就是，慶祝教主釋迦牟尼佛聖誕的浴佛典禮。

慶祝佛誕浴佛盛典

爲了參加五月二十七日開始的禪七，本擬五月二十二日才飛往紐約，結果打越洋電話向師父報告，師父要我提早兩天到達，以便參加二十二日的浴佛節盛會。

爲什麼釋迦牟尼佛誕辰要舉行浴佛典禮，而又稱爲浴佛節？據說是佛陀誕生之時，有九龍各噴香泉，爲聖嬰沐浴，而佛陀出胎之後，自行七步，一手指天一手指地，口中宣稱：「天上天下，唯我獨尊。」意思是說，他已經過三大阿僧祇劫的修行圓滿，即將在人間成佛，所以，不論在人間或天上，再也沒有勝過他的人了。講完之後，就恢復一般嬰兒的狀態。後人爲了紀念他出生之時就確定了成佛的身分，所以每當他的生日，就模擬九龍吐水爲他沐浴，以表示接受佛法，護持佛法。因此浴佛所用的佛像還是一手指天、一手指地的嬰兒相。

中國的傳說，釋迦牟尼佛的誕辰是在農曆的四月初八，可是南方像斯里蘭卡、緬甸、泰國等地，是每年陽曆五月的月圓日，稱爲衞塞節；西藏另有傳說是，釋迦牟尼佛的誕辰、成道、涅槃都是同一天。所以，對於佛誕日是哪一天，並沒有統一的規定，將來也許可能多半採用南傳的說法，但是在日本是用陽曆的四月八日。而東初禪寺爲了配合當地人的星期假日，原則上依據農曆的四月初八，實際上就是在這之前或之後靠近的星期天舉行。譬如今年農曆四月初八是陽曆的五月二十三日（星期一），東初禪寺就提前一天在二十二日的星期天舉行。據師父說，往年多半是在美國的母親節舉行浴佛典禮，今年的四月初八離母親節太遠，所以又改了日期。師父說，日期不重要，紀念佛陀的誕生才是重要，而更有意義的是集合與佛有緣的人，共同慶祝、齊聞佛法，一邊讚歎佛陀的出生，一邊相互勉勵，修學佛法，以期達到自利利人、利益一切眾生的目的。

佛誕盛會十項特色

這次佛誕的盛會，可以分爲十點來報導：

（一）正好菲律賓佛教界的最高領袖，信願寺的方丈，年已八十二高齡的瑞今長老，率領也已六十二歲的廣範長老及其徒孫傳印法師訪問紐約，光臨了這次盛會，並且請到前任美國佛教會會長仁俊長老蒞臨，他們都在典禮上做了精簡的開示。

（二）頒贈師父的墨寶，給與曾經捐贈財物給東初禪寺新址的代表十八人。他們聽說師父的墨寶在臺灣農禪寺本年度新春聯誼大會中，爲籌募中華佛學研究所基金義賣時，每幅叫價高達新臺幣三萬至十萬元，又是請幾位長老法師及信徒的代表和貴賓（本人也是其中之一）頒發，所以使得受獎者與觀禮者，莫不法喜充滿。

（三）午齋的飲食是由陳雪月居士負責籌畫、聯絡、邀請及安排，自動發心的二十多位居士，提供三十多道素食佳餚。他們多半是餐館的主人、廚師以及精於廚藝的居士。在禪寺的地下室餐廳擺滿了八張長桌，用自助餐的方式任人選取，使得許多人目不暇給，不知從何選起。我特別請一位負責攝影的關居士，將此美食組成的圖畫美景拍攝下來，作爲紀念。

（四）浴佛的儀式，每次二人一組，在佛前問訊，取水浴佛，再以迴轉的方式到各人的原位，歷時一個半小時，因爲參與者最大的目的就是親自給佛沐浴，以求取身心平安，增長福慧，所以歷時較長。整個進行過程中，同時播放佛讚錄音帶，氣氛肅穆、和諧、寧靜、安詳，使得大眾都沐浴在一片佛法的恩德中。

（五）花的布置是吳麗貞居士的作品，花了二百三十美元的花材，插成大、小十二盆。其中主要的兩盆是由美國櫻花和天堂鳥等巨大的花材組成，高達七呎，放置在佛座兩旁，莊嚴非常。其餘如芍藥、百合、康乃馨、紫羅蘭、菊花等盆插，也非常高大，整個佛堂儼然成爲一座臨時的花園。釋迦太子的浴盆，是由果元法師用精美細巧的花朵編織而成。進門處，由周秀琴居士提供一對價值一百二十美元的大型花架，爲這次的慶典增色不少。

（六）參與這次盛會的人員，包括中、西信徒及來賓近五百位。多半是知識分子，以中、青年人居多，並有五十多位西方人士，除了居住在紐約本地者之外，尚有從臺灣、德州、麻州、愛荷華州、賓州及康乃迪克州，專程趕到的信徒三十多位。華人信徒中，以來自臺灣的移民居多，其他則分別來自泰國、新加坡、馬來西亞、印尼、菲律賓、香港、越南等地。本來只準備接待三百位信徒的東初禪寺新址，結果不但佛殿坐滿人，地下室的餐廳站滿人，連門外的街邊走道上也站滿人。浴佛的時候，有許多人擠不進佛殿；吃飯的時候，也有許多人擠不進餐廳，我本人就是其中之一。本來準備的食物已夠充足，結果還是要將備用的食物陸續供應。大家只看到食物的豐富、佛殿的莊嚴，也不能忽略了在廚房默默工作的十幾位居士的貢獻。飯後，在餐桌上看到一個四層五呎高的大蛋糕，由師父請到瑞今、仁俊、廣範三位法師以及張盛寶平、許郭湄玉兩位居士分別逐層切開，分給佳賓共享，三百人份的大蛋糕，轉眼之間就不見了。

（七）幸運抽獎。本來午後是預定師父開示，因爲上午浴佛的時間延長，所以取消開示就直接開始抽獎的節目，獎品原則上是由與會人士各備一份，帶來交給負責抽獎的人員，每人取得一個號碼，在開獎之時叫號取獎。但是許多人不知道要帶獎品，師父已爲他們準備念珠、佛像等作爲獎品，使他們能夠感受到佛法的慈悲、佛菩薩的加被，生歡喜心。有些人在得獎後，不知是什麼獎品時又將獎品贈出，後來發現是精製的佛像，又要回去自己佩戴了；有些人則直叫著：「還有沒有念珠？」可見師父的苦心是做對的了。第一特獎是師父的墨寶，由一位陳老太太抽到，她歡喜得直要流淚。

（八）觀賞「海會雲集」錄影帶。很不好意思，這卷錄影帶是由我製作的，沒有想到能夠受到海內外佛教界的喜愛，相信不是我製作的好，而是它本身的內容有很高的可看性。放映之前，師父還特別向大眾介紹製作的經過和導演、製作、編寫的人。並由果西師姊以英語扼要說明其內容。大殿的燈光關掉以後，宛如電影院，電視機的效果很好，螢光幕清晰，聲音也很清楚，有些人被感動得掉眼淚，有些人才知道師父在臺灣是那麼辛苦的弘法。尤其眞實感使許多觀眾不相信是師父在臺灣僅僅十五天之內的活動現場攝製（其中還包括一個禪七），且完全是一部照著師父預先排定的各項活動日程的現場的眞實紀錄片。當場就有信徒詢問，何處可以買得到？師父答應將由東初出版社寄一些來美國。

（九）佛誕究竟是哪一天？師父說這不是很重要的事，不過全世界的佛教徒每年都有一次慶祝佛誕的紀念日。今年是第二千六百一十二年，這是根據《眾聖點記》所記載的年代演算出來的。佛教的紀元是以佛陀涅槃那一年算起，所以要扣除佛陀在世的八十年，才是佛教的紀元元年，因此今年應該是佛教紀元的二千五百三十二年。佛教沒有世界性統一的教會，所以也沒有一定要用佛教的紀元年，就是用了也不是每個人都清楚，所以通常還是用當地本國的年號。

（一〇）典禮的過程。整個浴佛法會，由早上十時開始，由師父擔任主法者，禮佛三拜後，誦《心經》、唱誦四弘誓願、浴佛、接受三寶加被、頒授紀念品、法師們開示、供養法師、午供，接著午齋。下午則是幸運抽獎，餘興節目。一直到下午四點多圓滿。信眾們離開東初禪寺時，還能分享到壽桃、壽麵、水果、糖果、鮮花等，這些都是經過三寶加被的，可帶回去與家人共享三寶的恩德。

這眞是一次海會雲集，法雨普施的浴佛法會！

新址裝修設備完善

以上是這次佛誕節的大致情形報導。至於東初禪寺的新面貌究竟是怎樣？相信許多讀者都有興趣知道。它是坐落在紐約市皇后區一條叫作Corona的商業大道上，是一棟三層的樓房，第一層建築使用面積爲二千平方英尺，地下室原來是倉庫，面積與第一層相等，經過師父及其弟子們的精心設計、裝修，成了東初禪寺大齋堂、大廚房、男女浴廁，洗衣機、烘衣機等用品相當齊全，完全是最新的設備。一樓原來是雜貨商店，招牌叫作Elmhurst 5 & 10¢，也就是在Elmhurst這個地區專門出售只値五分及一毛錢的物品，是以出售便宜貨及小東西爲號召的商店，已經經營了五十年，至去年上半年，此店店東因老病過世，而其子女多爲律師、醫生、會計師，所以無意繼承經營。師父買進時，據說當時一樓和地下室全是堆貨的架子，經過兩個月的清理，租用了十八輛垃圾車才將它們全部裝走，再經過半年的改裝，從大門的門、牆，乃至裡面的牆壁、隔間、門窗、地板、冷暖氣裝置、通風設備、音響效果等全部拆除翻新而成爲現在的規模。進門首先是觀音殿兼佛書陳列室和衣帽間，裡面就是可以容納一百五十個座位的大殿，上供六呎高的釋迦牟尼佛像，莊嚴慈悲，使人一見就會生起安定感與歡喜心。再裡面是師父在禪七期間用的小參室，兼平時的貴賓接待室。

二樓有大小四個房間，廚廁各一間，其中最大的一間是可以容納二十個人同時面壁打坐的禪堂，供的是文殊菩薩。三樓的格式與二樓相同，最大的一間用作圖書館兼辦公室，辦公室內有兩組電腦設備，作爲《禪雜誌》以及出版社的編輯之用。圖書室之內，公用的圖書有五排書架，包括中、英文兩類，計有六百多冊藏書，另外師父的藏書兩千多冊分別陳列於各樓。

有這樣完善的環境與設備，我也想在這裡出家了。不過，這麼大的一座禪寺，卻沒有一張床鋪，沒有私人的房間，白天看不出任何一間是臥室，連師父也一樣，晚上都是打地鋪的。這是因爲，師父於一九七九年五月，在紐約開創道場的時候，就是這樣過的。不但就是這樣過，連碗、筷、鍋、鏟、桌、椅都沒有，都是從路邊垃圾堆裡撿回一些家具，或者到叫作「救世軍」的慈善機構買一些廉價物品應用。今天能夠有這樣的規模，得來不易，師父爲了警惕自己和弟子們，修行者必須勤苦儉樸，所以依舊不設置床鋪與臥室。

西方弘法功德無量

到了晚上，還有許多人來皈依。原來是白天有很多人沒有辦法擠進來，依依不捨地回去又來，再回去又回來，就這樣來來去去。後來我們才知道，有很多信徒無法在簽名簿上留名，也有很多信徒沒有吃午齋就走（實在是太擁擠了），有些人想皈依也不能遂願。所以師父不管自己已經忙了一天非常累了，仍然在晚上爲虔誠求法的信徒舉行皈依的儀式，以完成他們作爲三寶弟子的心願。看到他們歡歡喜喜的離開東初禪寺，眞是令人感動！三寶的力量實在是不可思議。

最後，我想節錄廣範法師在這次典禮中開示的一段話，作爲這篇報導文章的結語。大家看了以後，就略可明白師父在美國弘法的辛苦，與受到佛教界的推崇。

廣範法師說：「人類有兩種文明，在東方是精神文明，精神文明的極點是成佛，智慧的最高峯只有釋迦牟尼佛得到，這是東方的精神文明。西方的文明是物質，可以美國作代表。聖嚴法師將東方的文明帶到西方，補足西方的不足，這是聖嚴法師最大的功德。我們今天能夠在西方的美國，看到大家這樣地精進，這樣地爲精神文明來努力，非常歡喜，同時內心上無限的羡慕，將來我們回到菲律賓，也要向聖嚴法師學習，把佛教的精神傳授給西方人。今天在這裡，看到大部分是中國人，中間也有好多西方人士來參加，佛教在一個地方能夠生根，是需要本地人才能夠發揚光大的，聖嚴法師的作法值得我們參考。」

（一九八八年五月二十四日於紐約東初禪寺，《人生》月刊第五十八期，一九八八年六月十五日刊載）

國家圖書館出版品預行編目資料

金山有鑛 / 聖嚴法師著. -- 二版. -- 臺北市 :
法鼓文化, 2016. 04
面； 公分
ISBN 978-957-598-705-3（平裝）

1.佛教教化法

225.42 105003350

寰遊自傳 4

金山有鑛

A Mine in Golden Mountain

著者／聖嚴法師
出版／法鼓文化

總監／釋果賢
總編輯／陳重光
編輯／釋果見、賴月英
封面設計／邱淑芳
地址／臺北市北投區公館路186號5樓
電話／(02)2893-4646 傳真／(02)2896-0731
網址／http://www.ddc.com.tw
E-mail／market@ddc.com.tw
讀者服務專線／(02)2896-1600
原東初出版社1991年初版至1992年三版
初版一刷／1999年2月
二版一刷／2016年4月
建議售價／新臺幣250元
郵撥帳號／50013371
戶名／財團法人法鼓山文教基金會—法鼓文化
北美經銷處／紐約東初禪寺
Chan Meditation Center (New York, USA)
Tel: (718) 592-6593 Fax: (718) 592-0717

法鼓文化

◎本書如有缺頁、破損、裝訂錯誤，請寄回本社調換◎
有著作權，不可翻印